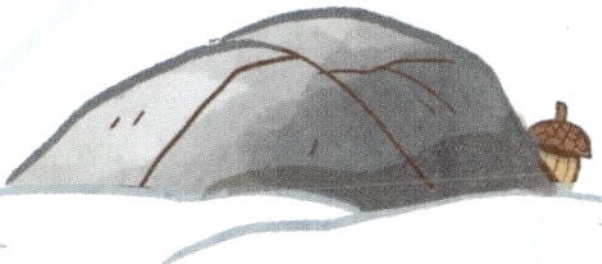

Die schönsten
Geschichten aus dem

WALD

Anne Rummenie
Julia Christians

Verlag Friedrich Oetinger
Hamburg

Inhaltsverzeichnis

Flitze und Schubi

Flitze, das Eichhörnchen, durchwühlt mit schnellen Bewegungen das bunte Herbstlaub. Die Blätter rascheln nur so unter seinen Pfoten und fliegen in hohem Bogen links und rechts zur Seite.

»Ha! Wusste ich's doch!«, ruft er freudig aus, als vor ihm plötzlich eine schöne, glänzende Eichel zum Vorschein kommt. Flitze nimmt sie in sein Maul, um sie an einer geeigneten Stelle zu verstecken. Blitzschnell rennt er den nächstgelegenen Baumstamm hoch und läuft einen Ast entlang, der unter seinem Gewicht abenteuerlich schaukelt. Aber Flitze hat keine Angst. Er ist ein hervorragender Kletterer und weiß ganz genau, wann der richtige Augenblick gekommen ist, um zu springen. Kräftig drückt er sich ab, und schon fliegt er durch die Luft. Er nähert sich dem gegenüberliegenden Baum und – zack! – hält er sich mit seinen Krallen an einem der Äste fest. Geschafft. Aber zum Verschnaufen ist keine Zeit. Flitze kraxelt direkt weiter. Einige Bäume später rennt er kopfüber den Stamm herunter und sieht sich um.

»Perfekt«, nuschelt er zufrieden, die Eichel noch immer zwischen den Zähnen. Ruckzuck buddelt er ein kleines Loch, lässt die Eichel vorsichtig hineinfallen und scharrt es wieder zu. »Versteck 127«, murmelt er, »weiter geht's!«

Er will gerade losspurten, da sieht er vor sich auf der Waldlichtung das Nachbar-Eichhörnchen, das das angrenzende Revier bewohnt. Es hält ein Stück gewölbte Rinde in den Pfoten, auf dem es eine Haselnuss balanciert. »Tag, Schubi!«, ruft Flitze und läuft zu ihm hinüber. »Was machst du denn da?«

»Oh, hallo Flitze«, erwidert Schubi und lächelt. »Ich versuche, diese Nuss so lange wie möglich auf der Rinde hin und her zu rollen, ohne dass sie herunterfällt. Willst du mitmachen?«

»Äh, nein danke«, antwortet Flitze, »ich hab' viel zu tun.«

Schubi nickt, ohne von seiner Rinde aufzublicken. »Ist gut, vielleicht ein andermal«, erwidert er und ist schon wieder voll und ganz in sein Spiel vertieft.

Flitze eilt davon, um weiter Proviant zusammenzutragen.

Ein paar Tage später verscharrt Flitze gerade einige Bucheckern unter einer Wurzel, als über ihm eine Stimme ertönt:

»Huhu, Flitze!« Oben im Baum sitzt Schubi auf einem Zweig und wippt auf und ab.

»Schubi!«, ruft Flitze. »Was machst du denn hier? Das ist doch mein Gebiet!« Er mag es gar nicht, wenn andere Eich-

hörnchen in seinem Revier nach Futter suchen.

»Keine Sorge«, antwortet Schubi freundlich, »ich nehme dir keine Nüsse weg. Ich wollte nur ein bisschen auf diesem tollen Ast schaukeln.« Während er spricht, federt der Zweig immer schneller hoch und runter. Schubi gluckst vor Vergnügen. »Komm hoch, Flitze, das solltest du ausprobieren!«

Flitze schüttelt entschieden den Kopf. »Für so etwas habe ich keine Zeit. Ich muss Vorräte für den Winter sammeln.« Er überlegt kurz und setzt dann hinzu: »Das Gleiche gilt übrigens auch für dich, Schubi.«

»Jaja, ich fang auch bald an«, ruft Schubi und dreht jetzt ausgelassen Saltos um den Ast herum.

Stirnrunzelnd läuft Flitze weiter. Schubi ist wirklich ein seltsamer Kerl, denkt er bei sich. Um diese Jahreszeit sollte er dringend Proviant zusammentragen, damit er in den kalten Monaten immer genug zu fressen hat, wenn er hin und wieder aus dem Winterschlaf aufwacht.

Ein paar Wochen später ist es so weit. Die Bäume sind kahl geworden, und der Frost hat im Wald Einzug gehalten. Flitze kuschelt sich in seinen Kobel, ein rundes

Nest, das er sich schon im Spätsommer gemütlich mit Blättern, Moos und Gras ausgepolstert hat. Die dicken Wände schützen gut vor der Kälte und dem Wind, der draußen um die Äste pfeift. Im Kopf geht Flitze die unzähligen Verstecke mit Vorräten durch, die er angelegt hat. Er ist sehr zufrieden mit sich.

Aber je länger der Winter andauert, desto schlechter wird Flitzes Stimmung. Er ist es so gewohnt, pausenlos unterwegs zu sein, dass es ihm jetzt schwerfällt, die ganze Zeit untätig herumzuliegen. Es ist langweilig, und er fühlt sich einsam. Da muss Flitze an Schubi denken. Wie muss es erst jemandem gehen, der gelangweilt, einsam und dazu noch hungrig ist, weil er im Herbst nicht genug Futter gesammelt hat?

Flitze beschließt, auf einen Sprung bei Schubi vorbeizuschauen. Schnell hat er dessen Kobel gefunden, der leider nicht besonders gut abgedichtet ist. Überall sind Ritzen zwischen den Zweigen, durch die Nässe und Kälte eindringen können.

»Schubi?«, flüstert Flitze leise. »Bist du wach?«

Als Schubi aus der Öffnung herausklettert, bekommt Flitze einen Schreck, wie dünn er geworden ist. Schubis Augen, die sonst immer so fröhlich gefunkelt haben, sehen müde und matt aus.

Trotzdem begrüßt er Flitze freundlich: »Oh, wie schön, dich zu sehen. Wie geht's dir denn?«

Flitze muss nur ganz kurz überlegen. Dann sagt er: »Es geht mir leider nicht besonders gut, Schubi. Ich bin nicht so gern allein. Deshalb wollte ich dich fragen, ob du vielleicht den Winter mit mir zusammen verbringen würdest? Wenn wir eng zusammenrücken, passen wir auch zu zweit in mein Nest!«

Schubi strahlt. »Das ist eine tolle Idee«, flüstert er.

»Und auf dem Weg dorthin«, fährt Flitze fort, »gehen wir an Versteck Nr. 182 vorbei, das ist hier ganz in der Nähe. Da fressen wir uns erst einmal richtig satt. Ich habe solche Unmengen an Futter gesammelt, dass wir damit beide gut über den Winter kommen.«

An diesem Abend kuscheln sich zwei glückliche Eichhörnchen mit gut gefüllten Bäuchen in Flitzes Kobel aneinander. Sie legen ihre buschigen, weichen Schwänze wie Bettdecken über sich, und es ist sehr warm und behaglich und kein bisschen einsam.

»Danke, Flitze!«, flüstert Schubi.

»Kein Problem«, murmelt Flitze im Halbschlaf. »Dafür kannst du mir im Frühling ja mal zeigen, wie man die Nuss so toll auf der Rinde balanciert.«

Schubi schmiegt sich noch etwas enger an Flitze heran und antwortet: »Versprochen!«

Waldwissen: Eichhörnchen

Eichhörnchen sind Einzelgänger, die normalerweise in ihren Revieren keine Rivalen, also keine anderen Eichhörnchen, dulden. Nur in der Paarungszeit tun sie sich mit einem Partner oder einer Partnerin zusammen.

Im Herbst schuften Eichhörnchen unermüdlich, um ihre Wintervorräte zu sichern. Sie vergraben Eicheln und andere Leckereien in Hunderten von Verstecken. Die meisten davon finden sie dank ihres ausgezeichneten Geruchssinns wieder. Aus vergessenen Eicheln entstehen oft neue Bäume, deshalb sind Eichhörnchen auch gute Gärtner.

Die Baumnester der Eichhörnchen werden Kobel genannt: Das sind gepolsterte Reisigkugeln, die die Tiere hoch oben in den Bäumen aus Zweigen, Nadeln und Blättern bauen. Innen polstern sie sie mit Moos und Gras aus.
Im Winter verbringen sie hier die meiste Zeit, aber auch in den wärmeren Monaten schlafen Eichhörnchen nachts im Kobel und ziehen sich zur Mittagsruhe dorthin zurück. Häufig haben sie mehrere Kobel, die sie abwechselnd nutzen.

Eichhörnchen machen keinen richtigen Winterschlaf, sondern halten nur Winterruhe und stehen zwischendurch immer mal wieder auf, um etwas zu fressen.
Normalerweise verbringen sie die Winter allein. Aber bei starker Kälte kann es durchaus vorkommen, dass sich zwei Tiere gemeinsam in einen Kobel legen, um sich gegenseitig zu wärmen – so wie Flitze und Schubi es tun.

Drei Dschungelhelden und ein Krokodil

»Mama«, ruft Maya. Sie hockt im Flur auf dem Boden und durchwühlt die Ablage mit den Schuhen. »Mama, weißt du, wo mein zweiter Gummistiefel ist?« Ihre Mutter steckt den Kopf durch den Türrahmen. Sie lässt kurz ihren Blick schweifen, dann deutet sie auf die gelbe Stiefelspitze, die unter der Kommode hervorlugt: »Da!« Maya zieht den Gummistiefel hervor und schlüpft hinein. »Ich gehe in den Wald«, verkündet sie und will schon zur Haustür hinaus, doch Mama hält sie zurück. »Warte mal. Wolltest du nicht noch das Geburtstagsgeschenk für Oma fertig machen? Die gestickte Tulpe?« Maya stöhnt. Sie hat überhaupt keine Lust auf die Tulpe. Als Mama vor ein paar Tagen die Anleitung aus dem Internet ausgedruckt hat, fand Maya die Idee noch gut. Aber es ist total anstrengend, die Fäden so über das Papier zu spannen, dass es wie eine Blume aussieht. Mama schaut sie bittend an. »Omas Geburtstag ist in drei Tagen«, sagt sie. »Es wäre echt schön, wenn du ein Geschenk für sie hättest.«

»Ich mache die Tulpe heute Abend«, sagt Maya. »Jetzt warten Theo und Jannik auf mich!« Mama seufzt, hält Maya aber die Tür auf. »Viel Spaß«, ruft sie ihr hinterher, »und grüß die beiden!«

Jannik und Theo wohnen ganz in der Nähe. Jannik geht in die gleiche Klasse wie Maya, und Theo ist sein kleiner Bruder. Seit ein paar Wochen treffen die drei sich fast jeden Nachmittag im Wald. Sie bauen Tipis, machen Laubschlachten und klettern auf Bäume.

Am liebsten spielen sie an dem kleinen Bach, der sich durch den Wald schlängelt. Direkt am Ufer steht ein toller Kletterbaum. Als Maya dort ankommt, sitzen Jannik und Theo schon oben und winken ihr zu. Maya will gerade zu ihnen hinaufklettern, da entdeckt sie einen langen, tiefhängenden Ast, der über den Bach ragt. Ob sie sich daran über das Wasser schwingen kann? Sie stellt sich auf die Zehenspitzen, zieht den Ast zu sich herunter und packt ihn fest mit beiden Händen. »Guckt mal, Jungs, ich bin Tarzan«, ruft sie

Jannik und Theo zu, stößt einen gellenden Urwald-Schrei aus und springt ab. Es funktioniert! Sie schafft es zwar nicht ganz bis zur gegenüberliegenden Seite, sondern landet im Bach – aber das macht nichts, denn das Wasser ist flach und sie hat ja Gummistiefel an.

»Nicht schlecht, Tarzan!«, lacht Jannik anerkennend.

»Wer ist Tarzan?«, will Theo wissen.

»Der Held des Dschungels. Er wurde von Affen großgezogen«, erklärt Jannik seinem kleinen Bruder. Er und Maya haben neulich ein Theaterstück über die Tarzan-Geschichte beim Schulausflug gesehen, deswegen kennt er sich aus. Zu Maya, die noch immer im Bach steht, ruft er hinunter: »Wenn du Tarzan bist, dann will ich Jane sein!« Und zu Theo gewandt fügt er hinzu: »Und du kannst Terk spielen, das ist Tarzans Gorilla-Freund!«

Theo ist begeistert. Schnell wie ein Affe klettert er vom Baum herunter und fängt an, am Ufer herumzuhüpfen. Er kratzt sich mit den Händen unter den Achseln und schreit »U-a-a-a, u-a-a-a«.

Den restlichen Nachmittag spielen die drei Tarzan, Jane und Terk. Jane gerät immer wieder in gefährliche Situationen, und Tarzan und Terk müssen sie retten. Manchmal rettet auch Jane Tarzan, und Tarzan rettet Terk, und immer ist es sehr spannend.

Als Maya abends nach Hause kommt, läuft sie direkt in ihr Zimmer und zieht ihre Kram-Kiste unter dem Bett hervor. Altes Sandspielzeug ist darin, ein Beachball-Spiel und allerlei anderes Zeug. Maya fischt Kroko, ihr aufblasbares Gummikrokodil, aus der Kiste. Da steckt Mama ihren Kopf zur Tür herein. »Was willst du denn mit dem Krokodil?«, wundert sie sich.

»Das kann ich dir nicht sagen. Es ist nämlich eine Überraschung«, sagt Maya geheimnisvoll.

»Soso«, erwidert Mama und fragt dann: »Willst du jetzt die Tulpe für Oma fertig machen?«

»Keine Sorge, Mama«, antwortet Maya, »Oma wird ein tolles Geschenk von mir bekommen!«

Aber mehr verrät sie nicht.

Drei Tage später ist Omas Geburtstag. Mama und Maya haben sie eingeladen und einen schönen Kaffeeklatsch für sie vorbereitet, mit Kuchen, Kerzen und kleinen Marienkäfern aus Schokolade. Als alle aufgegessen haben, verkündet Maya: »Oma, ich habe ein Geschenk für dich!« Mama zieht erstaunt die Augenbrauen hoch, denn Maya hat die Tulpe gar nicht fertig gemacht. Maya grinst. »Es ist auch eine Überraschung für dich, Mama«, sagt sie. »Aber ihr müsst euch dafür Jacken und Schuhe anziehen – wir gehen in den Wald!«

Neugierig folgen Oma und Mama Maya zu der Stelle am Bach, an der der Baum mit der Tarzan-Schleuder steht. Jannik und Theo erwarten sie schon, ihre Eltern sind auch mitgekommen. Jannik hat zwei Isomatten mitgebracht, auf denen die Erwachsenen Platz nehmen. Dann stellen sich Maya, Jannik und Theo am Bach auf, und Maya sagt feierlich: »Meine Damen und Herren! Sehr verehrtes Publikum! Willkommen zu unserer Tarzan-Show, die wir extra zu deinem Geburtstag einstudiert haben, liebe Oma!« Oma pfeift anerkennend und ist sehr gespannt, was jetzt kommt. Maya bittet die Zuschauer, kurz die Augen zuzumachen, damit Jannik, Theo und sie ihre Positionen einnehmen können. Dann ruft sie: »Augen auf!«, und es geht los. Mitten im Bach steht auf einer kleinen Insel aus Steinen Jannik als Jane und wäscht ein altes Küchenhandtuch aus. Maya läuft als Tarzan durch den Wald, klettert Bäume herauf und wieder herunter und schreit: »Ich bin Tarzan, der König des Dschungels! Aber wo ist Jane, meine Geliebte? Jane, wo bist du nur?«

»Hier bin ich, Tarzan«, antwortet Jannik von seiner Insel aus, »ich wasche Wäsche!« Plötzlich stößt er einen entsetzten Schrei aus: »Oh nein! Hilfe Tarzan! Hilfe! Ein Krokodil!« Und tatsächlich! In der Kurve des Baches taucht ein Krokodil auf. Theo hat es heimlich ein bisschen weiter bachaufwärts ins Wasser gesetzt, und jetzt treibt die Strömung es auf die arme Jane zu.

»Keine Sorge, Jane! Ich rette dich!«, schreit Maya und schwingt sich heldenhaft an dem Ast zu Jannik auf die Insel. Als sie dort landet, ist das Krokodil bereits an der Insel vorbeigeschwommen. Ein Glück! Jane und Tarzan fallen sich erleichtert in die Arme. Währenddessen rennt Theo schnell hinter dem Rücken der Zuschauer vorbei und fischt in der nächsten Biegung des Baches das Krokodil wieder aus dem Wasser, damit es nicht wegschwimmt.

Er muss sich beeilen, denn sein großer Auftritt steht kurz bevor.

»Wie kommen wir nur von dieser Insel wieder ans Ufer?«, fragt Jannik als Jane. »Das Wasser ist durch die starken Regenfälle plötzlich viel tiefer geworden!« Doch Hilfe naht! In wilden Affensprüngen kommt Theo als Terk zum Bach gelaufen und legt einen dicken Ast ins Wasser, auf dem Tarzan und Jane sicher zum Ufer balancieren können. Weil Terk ihnen das Leben gerettet hat, beschließen sie, ihn zu adoptieren und sind ab jetzt eine sehr glückliche Dschungelfamilie.

Die Zuschauer hält nun nichts mehr auf ihren Isomatten. Alle stehen auf und klatschen begeistert Beifall. Am lautesten klatscht Oma. »Großartig!«, ruft sie immer wieder.

Auf dem Heimweg legt sie ihren Arm um Mayas Schulter und sagt: »Das war das tollste Geburtstagsgeschenk, das ich je bekommen habe!«

»Das finde ich auch«, lacht Mama und zwinkert Maya zu. »Um Längen besser als eine auf Papier gestickte Tulpe!«

Waldaktion: Ein Tipi bauen

Ein Tipi im Wald zu bauen macht richtig Spaß und ist gar nicht so schwer.

Als Erstes sucht ihr euch einen passenden Baum, um den herum ihr das Tipi aufstellen möchtet. Der Baum sollte möglichst wenige Verästelungen am Stamm haben.
Dann holt ihr etwa fünf große, stabile Äste und lehnt sie schräg an den Baumstamm. Am besten drückt ihr sie unten ein bisschen in den Boden. Wenn sie oben am Stamm ineinandergreifen, sorgt das für noch mehr Stabilität.
Jetzt steht das Grundgerüst für euer Tipi. Als Nächstes sammelt ihr weitere Äste – die müssen nicht so groß sein wie die ersten. Diese zusätzlichen Zweige stellt ihr zwischen das Grundgerüst und steckt sie so gut wie möglich fest. Vielleicht ist es an manchen Stellen auch möglich, die Zweige quer zu legen und in Verästelungen zu verhaken.
Am Ende könnt ihr noch Laub als Verzierung in die Ritzen des Tipis stecken.

Bitte verwendet nur Äste und Zweige, die schon auf dem Boden liegen. Brecht nichts von Bäumen ab.

Viel Spaß mit eurer neuen selbst gebauten Behausung!

Ein stressiger Tag für Frau Wildsau

Es ist früh am Morgen, und der Unterricht in der Schule für Waldtiere soll gleich beginnen. Einige Schülerinnen und Schüler sind schon da. Flüx, der Eichelhäher, war wie immer der Erste. Ungeduldig wippt er auf einem niedrig hängenden Zweig auf und nieder. Igelmädchen Prickel und Kaninchenjunge Bammel haben ebenfalls bereits ihre Plätze eingegenommen und plaudern fröhlich miteinander. Da rauscht auch Fledermaus Fleetz heran und hängt sich kopfüber an einen Ast. Sie schließt die Augen für ein kleines Nickerchen und bekommt gar nicht mit, wie zwei weitere Schultiere eintreffen: In einer wirbelnden Laubwolke hechten der Fuchs Smäsch und das Mardermädchen Trabbel heran. »Gewonnen!«, schreit Trabbel triumphierend, als sie mit der Pfote auf ihr Pult klatscht, und Smäsch erwidert: »Aber nur haarscharf!«

Eigentlich könnte die Schulstunde jetzt beginnen, aber wie die Tiere verwundert feststellen, ist Frau Wildsau, ihre

Lehrerin, noch gar nicht da. Wo bleibt sie denn? Normalerweise kommt sie immer schon vor den Schultieren und bereitet alles vor. Plötzlich ertönt im Wald in einiger Entfernung ihre Stimme: »Wühli, nicht im Matsch wälzen, dafür ist jetzt keine Zeit!«

Die Schultiere recken ihre Köpfe, und da entdecken sie ihre Lehrerin zwischen den Bäumen. Und heute ist sie nicht allein! Sechs kleine Frischlinge sind ihr dicht auf den Fersen. »Borsti, lass das liegen, das kannst du nicht mitnehmen«, mahnt Frau Wildsau leicht gestresst, dann ruft sie: »Nicht vorrennen, Ebi, warte auf deine Geschwister …«

Schließlich erreicht die Wildschweinfamilie die Lichtung. »Entschuldigt, dass ich so spät komme«, sagt Frau Wildsau zur Klasse, »heute Morgen war bei uns zu Hause alles etwas chaotisch. Papa Wildschwein ist krank und kann nicht auf die Kleinen aufpassen. Deshalb musste ich sie mitbringen.« Die Schultiere umringen die Frischlinge begeistert, alle möchten sie gerne streicheln. »Oh, sind die süß«, ruft Igelmädchen Prickel hingerissen.

»Aber sind deine Kinder nicht noch viel zu jung für die Schule, Frau Wildsau?«, fragt Kaninchen Bammel. »Natürlich sind sie das«, antwortet die Lehrerin, »aber was bleibt mir denn anderes übrig?«

Eilig richtet sie den Frischlingen an einer Baumwurzel eine Spielecke ein und mahnt eindringlich: »Ihr müsst schön leise sein, während die Schultiere lernen. Hier habt ihr ein paar Eicheln, die könnt ihr als Murmeln benutzen.«

Die kleinen Wildschweine schauen sich aufgeregt und mit großen Augen um. Es ist das erste Mal, dass sie mit zur Schule dürfen.

In der ersten Stunde haben die Tiere Menschenkunde. »Wer von euch weiß noch, was wir gestern über Menschen gelernt haben?«, fragt Frau Wildsau. Sofort schnellt der Flügel von Flüx, dem Eichelhäher in die Höhe. »Es gibt Menschen in unterschiedlichen Größen. Die Ausgewachsenen bleiben meistens auf den Spazierwegen, die kleineren Exemplare können auch schon mal ins Unterholz vordringen.«

»Ausgezeichnet, Flüx«, lobt Frau Wildsau und fährt dann fort: »Trotzdem sind es die Großen, vor denen wir uns besonders in Acht nehmen müssen, denn sie haben häufig auch ihre Hunde dabei. Und die können für uns Waldtiere ziemlich gefährlich werden. Deshalb sollte man nie zu nah an die Laufwege der Menschen herankommen.«

Frau Wildsau will gerade noch mehr über Menschen erklären, da ertönt aus der Spielecke lautes Heulen. »Borsti hat alle Murmeln aufdedessen«, schluchzt einer der Frischlinge. Borsti hat die Backen noch voll und erklärt schmatzend: »Suldidun. Is hatte solßen Hunner!« Die anderen Wildschwein-Kinder weinen jetzt alle – nicht nur, weil ihr Bruder die Spielsachen aufgefuttert hat, sondern vor allem, weil sie selbst nichts abbekommen haben. »Also gut«, sagt Frau Wildsau, »wir machen eine vorgezogene Frühstückspause. Wer von euch ist bereit, im Wald etwas zu essen zu besorgen?« Augenblicklich stürmen Trabbel und Smäsch davon. »Ich wünschte, sie würden sich im Unterricht auch mal so bereitwillig melden«, seufzt Frau Wildsau. Schon bald sind der Fuchs und das Mardermädchen mit einer großen Menge leckerer Beeren zurück, und in der nächsten Viertelstunde verzehren alle zufrieden mampfend ihr Frühstück.

Nach der Pause steht das Fach Spurenlesen auf dem Programm. Frau Wildsau bittet alle Tiere, mit ihren Füßen Abdrücke in den Waldboden zu stempeln und diese dann miteinander zu vergleichen. Smäsch und Trabbel stöhnen laut auf – sie würden viel lieber ein Wettrennen veranstalten. Aber als sie Frau Wildsaus strengen Blick sehen, machen sie sich schnell an die Arbeit. Alle Tiere sind hoch konzentriert bei der Sache, und Frau Wildsau geht von Platz zu Platz, um zu schauen, ob sie jemandem helfen muss. Gerade will sie Fledermaus Fleetz aufwecken, die schon wieder ein Schläfchen macht, da stupst Frischling Ebi sie von der Seite an: »Mama, ich muss ganz dringend Pipi, und es kommt gleich!«

Kaninchen Bammel quiekt entsetzt auf. »Ich will kein Wildschwein-Pipi im Klassenzimmer!«

»Keine Panik«, ruft Frau Wildsau und klingt dabei selbst etwas alarmiert. »Flüx, vielleicht könntest du die Klasse beaufsichtigen, während ich mit Ebi kurz hinter den Busch dort drüben gehe.«

Flüx ist ganz stolz, dass er unterrichten darf, und beginnt sofort mit einem Vortrag über die verschiedenen Arten von Tierspuren. Nur leider hört ihm niemand zu. Alle schauen neugierig zum Busch hinüber, hinter dem Ebi und Frau Wildsau verschwunden sind, und lauschen. »Pass gut auf, dass du nicht aus Versehen dein Fell anpieselst«, mahnt Frau Wildsau gerade. »Schön im Bogen strullern … super machst du das!«

Die Schultiere kichern, als Ebi und Frau Wildsau wieder hervorkommen.

Als Nächstes ist Rechnen an der Reihe, und Frau Wildsau stellt der Klasse eine Aufgabe: »Nehmen wir einmal an, ihr habt zehn Pilze, aber ein anderes Tier kommt und stibitzt drei davon. Wie viele Pilze bleiben dann noch für euch übrig?« Flüx reckt sofort wieder seinen Flügel nach oben, aber Frau Wildsau schaut, ob sie nicht mal jemand anderen drannehmen kann: »Fleetz? Weißt du die Lösung?« Die Fledermaus schreckt hoch und murmelt schlaftrunken: »Ich mag keine Pilze! Kann der Dieb gerne alle haben!« Dann macht sie die Augen wieder zu und fängt leise an zu schnar-

chen. Frau Wildsau seufzt und schaut sich in der Klasse um. »Wer kann mir die Antwort sagen? Vielleicht jemand aus der hinteren Reihe? Trabbel? Smäsch?« Ihre Augen werden kugelrund, denn die Plätze von Fuchs und Mardermädchen sind leer. Die beiden sind verschwunden!

Frau Wildsau schnaubt entrüstet. »Also, das geht gar nicht! Sich einfach während des Unterrichts aus dem Staube machen …« Da verstummt sie plötzlich, denn in diesem Augenblick tauchen Smäsch und Trabbel auf dem schmalen Pfad auf, der auf die Waldschule zuführt, und in der Mitte haben sie Frischling Wühli. »Entschuldigung dass wir kurz wegmussten, Frau Wildsau«, ruft Trabbel, »aber wir haben zufällig gesehen, wie dein Kleiner abgehauen ist. Wir mussten ihn zurückholen – er kam nämlich gefährlich nah an den Spazierweg der Menschen heran!«

Frau Wildsau ist zunächst sprachlos. Dann dankt sie Smäsch und Trabbel für die Rettung von Wühli. Der schaut schuldbewusst zu Boden und erklärt kleinlaut: »Is weiß, das war nis gut. Aber is finde Sule lanweilis. Is kann doch noch gar nis reßnen!« Frau Wildsau muss zugeben, dass ihr Sohn an der Stelle recht hat.

»Aber was soll ich denn machen?«, fragt sie ratlos. »Ich kann doch nicht den Schultieren etwas beibringen und gleichzeitig auf meine kleinen Frischlinge aufpassen!« Das sehen die Tiere ein. Einen Augenblick lang ist es ganz still, weil alle angestrengt nachdenken. Dann hebt Kaninchen Bammel schüchtern seine Pfote: »Wie wäre es, wenn wir statt der üblichen Unterrichtsfächer heute nur noch Waldtier-Fitness machen?«, schlägt er vor. »Das ist auch schon etwas für deine Kinder!« Frau Wildsau findet, dass das eine hervorragende Idee ist und ordnet zum Warmmachen eine große Laubschlacht an. Alle jubeln, und kurze Zeit später tollen sie quiekend und lachend durch die Blätter. Sogar Fleetz und Flüx machen mit und flattern ausgelassen durch das aufwirbelnde Laub.

Und Frau Wildsau? Die scheuert sich genüsslich an einem Baumstamm. Es ist die erste wirkliche Pause, die sie heute hat – und die hat sie auch dringend nötig.

Waldaktion: Ein Blätter-Herbarium anlegen

Ein Herbarium ist eine Sammlung von Pflanzen oder Pflanzenteilen, die auf Papierbögen aufgeklebt werden.
Zunächst sammelst du im Wald verschiedene Blätter. Mach das bei trockenem Wetter, sonst sind sie zu feucht und werden schneller faul.
Nach dem Sammeln werden die Blätter getrocknet und gepresst. Dazu legst du sie zwischen Löschpapier oder Zeitungspapier und beschwerst sie mit Büchern.
Das Lösch- bzw. Zeitungspapier solltest du alle drei Tage wechseln, damit kein Schimmel entsteht.
Nach ein bis zwei Wochen ist das Blatt trocken. Jetzt legst du es vorsichtig auf einen Bogen Papier und klebst es fest, zum Beispiel mit Klebestreifen.
Du oder deine Eltern können noch dazuschreiben, um welches Blatt es sich handelt.
Die Papierbögen mit den verschiedenen Blättern sammelst du in einer Mappe, auf die du noch ein schönes selbst gemaltes Deckblatt kleben kannst.

Viel Spaß beim Anlegen deines Herbariums!

Das Krötentaxi

Elias ist ein bisschen aufgeregt, als er mit seinem Onkel Martin durch den Wald stapft. Es wird schon langsam dunkel, und normalerweise ist er um diese Zeit nicht mehr draußen unterwegs. Aber heute will Martin Elias zeigen, was es mit der Krötenwanderung auf sich hat.

Bei seinem letzten Besuch hat Onkel Martin erzählt, dass er derzeit oft im Wald ist, um Kröten zu retten. Elias fand das sehr spannend und hat ganz viel nachgefragt: Warum müssen die Kröten gerettet werden? Vor wem? Und warum gerade jetzt?

»Was hältst du davon, wenn du mich einfach mal begleitest?«, hat Martin schließlich vorgeschlagen. »Dann zeige ich dir alles!« Da hat Elias natürlich sofort »Ja« gesagt.

Und deshalb wandern die beiden jetzt nebeneinander durch den Wald. Das Laub raschelt unter ihren Füßen, und über ihnen hört Elias Vögel singen. Das klingt wunderschön.

Mit der Taschenlampe leuchten sie den Boden vor ihnen

ab. Schließlich wollen sie nicht aus Versehen auf eine umherziehende Kröte drauftrampeln.

Martin hat Elias erzählt, dass die Kröten jetzt im Frühling anfangen zu wandern, nachdem sie aus ihrer Winterstarre erwacht sind. Sie haben ein ganz bestimmtes Ziel: Sie wollen zurück zu dem Teich, in dem sie selbst zur Welt gekommen und als kleine Kaulquappen umhergeschwommen sind.

Wie auf magische Weise finden sie dieses Gewässer ihrer Kindheit immer wieder.

»Das Problem ist nur«, sagt Martin, »dass die Kröten auf dem Weg dorthin oft Straßen überqueren müssen. Und dabei können sie leider leicht von Autos überfahren werden.«

Plötzlich sieht Elias im Licht seiner Taschenlampe etwas Langes, Grünes am Wegesrand, das quer vor ihnen über den Waldboden verläuft.

»Das ist der Krötenzaun«, sagt Martin. »Der soll die Tiere daran hindern, auf die Fahrbahn zu laufen. Wir sind jetzt nämlich nicht mehr weit von der Straße entfernt. Die führt an dieser Stelle mitten durch den Wald hindurch.«

Der Zaun geht Elias ungefähr bis zum Bauchnabel. Er ist aus Plastik und hat keine einzige Lücke.

»Da kommt keine Kröte durch, und drüberklettern können sie auch nicht«, sagt Martin.

»Stattdessen nehmen sie von hier aus das Krötentaxi.« Er hält den blauen Eimer, den er mitgebracht hat, in die Höhe. »Und heute darfst du der Taxifahrer sein, Elias!«

Elias stellt sich vor, wie er hinter dem Steuer eines gelben Autos mit der Aufschrift »Krötentaxi« sitzt. Er trägt eine blaue Chauffeurs-Mütze und hält beim Fahren nach Passagieren Ausschau. Da winkt ihm am Wegesrand eine dicke Kröte mit großem Koffer zu. Sofort hält Elias an, springt aus dem Auto heraus und öffnet der Kröte die hintere Tür. Behäbig nimmt sie auf der ledernen Rückbank Platz. »Einmal zum Kaulquappenteich, bitte«, quakt sie. »Zum Kaulquappenteich, sehr wohl, die Dame«, antwortet Elias höflich und startet den Motor.

»Leuchte mit deiner Taschenlampe mal über den Boden am Zaun«, reißt ihn plötzlich Martin aus seinen Träumereien.

Elias richtet den Lichtstrahl nach unten und lässt ihn über das Laub wandern. Was ist denn das? Da steckt ja ein Eimer in der Erde, direkt am Zaun! Die Öffnung ist genau auf der gleichen Höhe wie der Waldboden.

»Es gibt entlang des Zaunes viele solcher Eimer«, erklärt Martin. »Wenn die Kröten versuchen, den Zaun zu umwandern, fallen sie irgendwann hinein!«

Elias leuchtet in den Behälter vor ihm. Bis auf ein paar Blätter ist er leer.

»Vielleicht haben wir da drüben mehr Glück«, sagt Martin.

Und tatsächlich: Im nächsten Eimer bewegt sich etwas. Eine dicke Kröte sitzt darin, und auf ihrem Rücken trägt sie eine etwas kleinere. Martin erklärt Elias, dass die Krötenweibchen auf den Wanderungen oft die Männchen tragen. Elias muss lachen. Er stellt sich vor, wie es wäre, wenn bei den Menschen die Frauen auf Spaziergängen ihre Männer tragen würden.

Martin nimmt das Krötenpärchen vorsichtig aus dem Eimer und hält es Elias hin, damit er es betrachten kann. Aus goldbraunen Augen mit länglichen schwarzen Pupillen schauen ihn die Tiere an. Auf ihrer Haut haben sie Warzen – das sieht ein bisschen eklig aus, findet Elias.

Martin verstaut die beiden im großen Krötentaxi-Eimer. Ein Stückchen weiter finden sie eine einzelne Kröte im Fangeimer, und dieses Mal darf Elias sie herausholen. Zunächst zieht er sich die Handschuhe an, die Martin ihm mitgebracht hat. Dann hebt er die Kröte behutsam hoch. Er ist überrascht, dass das Tier gar nicht schleimig und glitschig ist, sondern ganz trocken. Mit klopfendem Herzen setzt er es zu den anderen beiden in Onkel Martins Eimer.

Als sie den gesamten Zaun kontrolliert haben, sind 14 Tiere in dem Sammeleimer. Fasziniert schaut

Elias hinein. Die Kröten sind nebeneinander und übereinander, man erkennt kaum, wo die eine aufhört und die nächste anfängt. Manche sitzen ganz still, andere versuchen, über ihre Artgenossen hinüberzuklettern und die Wände des Eimers emporzukraxeln. Es ist eine große, wabernde Krötensuppe.

»Das Krötentaxi ist zur Abfahrt bereit«, sagt Elias zu den Kröten.

Er stellt sich vor, wie er sich auf dem Fahrersitz seines Taxis umdreht. Auf der Rückbank haben sich inzwischen zu seinem ersten Fahrgast noch etliche weitere gesellt, und alle schauen ihn erwartungsvoll an. »Meine Damen und Herren, bitte schnallen Sie sich an und halten Ihr Gepäck gut fest. Es geht los!«, sagt Elias zu seinen Passagieren.

Martin und er gehen vor bis zur Straße, vergewissern sich, dass kein Auto kommt, und überqueren dann zügig die Fahrbahn. Auf der anderen Seite laufen sie noch ein Stück in den Wald hinein, bevor sie die Kröten aus dem Eimer herauskrabbeln lassen. Langsam verschwinden die Tiere in der Dunkelheit.

»Gute Reise!«, ruft Elias ihnen hinterher. Dann gähnt er. Mit einem Mal ist er sehr müde. Und der Weg zurück nach Hause ist ziemlich weit.

»Ich hab eine Idee«, sagt Martin. »Wollen wir Kröten spielen? Ich bin das Weibchen, und du bist das Männchen!« Elias schaut ihn verwundert an. Martin geht leicht in die Hocke und deutet auf seinen Rücken. »Steig auf«, sagt er. Das lässt sich Elias nicht zweimal sagen. Während sein Onkel ihn Huckepack durch den Wald trägt, denkt er an die vielen Tiere, die sie heute eingesammelt haben. Dank Martins und seiner Hilfe werden sie sicher an ihrem Ziel ankommen. Das ist ein schönes Gefühl.

»Quak!«, sagt Elias.

»Wie bitte?«, lacht Martin.

»Das war Krötensprache und hieß, ›Danke, dass du mich mitgenommen hast‹«, erklärt Elias und schmiegt seinen Kopf an Martins Rücken.

Und der quakt ein lautes: »Gern geschehen!«

Waldwissen: Krötenwanderung

Kröten sind wechselwarme Tiere – das bedeutet, dass sie im Winter, wenn es kalt ist, ihre Körpertemperatur absenken. Sie sind dann ganz steif und überwintern in der Laubstreu, unter Wurzeln und in Mäuselöchern oder ähnlichen Verstecken.

Erst wenn es im Frühling wärmer wird, werden sie wieder munter. Dann gehen sie auf Wanderschaft und ziehen zu ihrem Laichgewässer. So nennt man den Ort, an dem sie selbst als Kaulquappen zur Welt gekommen sind.

Als erwachsene Kröten kehren sie jedes Jahr zu diesem Gewässer zurück und legen dort ihre Eier ab, aus denen dann auch wieder Kaulquappen schlüpfen, die sich zu Kröten entwickeln.

Die Krötenwanderung findet im März und April statt, und die Tiere legen dabei bis zu fünf Kilometer zurück. Sie sind nachts unterwegs, meist in der Zeit zwischen 19 und 23 Uhr.

Die Menschen, die den Kröten auf ihrer Wanderung helfen, stellen im Frühjahr Zäune auf, um die Tiere davor zu bewahren, von Autos überfahren zu werden. Das kann leider leicht passieren, denn eine Kröte braucht ohne menschliche Unterstützung ziemlich lange, um eine Fahrbahn zu überqueren. Sie ist nach dem Winterschlaf noch nicht so schnell unterwegs, und die Weibchen schleppen ja häufig auch noch Männchen auf dem Rücken.

Die Helfer kontrollieren die Zäune zweimal am Tag: Bei Einbruch der Dunkelheit und früh morgens. Das ist wichtig, damit die Kröten in den Eimern nicht von Waschbären, Wildschweinen oder anderen Tieren gefressen werden.

Im Herbst gehen die Kröten erneut auf Wanderschaft: Dann ziehen sie zu ihren Winterquartieren.

Yuris Stärke

»Wartet auf mich, ich kann nicht so schnell«, ruft Fuchsjunge Yuri seinen Brüdern hinterher. Keuchend versucht er, mit Raffi und Lumpi mitzuhalten. Die Geschwister machen ein Wettrennen zur alten Eiche, und wie immer erreicht Lumpi als Erster das Ziel, dicht gefolgt von Raffi. Yuri dagegen ist noch weit von dem Baum entfernt, als die beiden anderen ihm schon wieder entgegenkommen.

»Mach dir nichts draus, Kleiner«, ruft Lumpi ihm zu. Übermütig springt er Yuri an und wirft ihn spielerisch zu Boden. Raffi macht sofort mit, und augenblicklich ist eine ausgelassene Balgerei im Gange. Aber weil die anderen beiden kräftiger sind als er, ist Yuri meistens unten, und das mag er nicht. Nach kurzer Zeit schiebt er sich aus dem Knäuel heraus und lässt Raffi und Lumpi alleine weiter raufen.

Mit hängendem Kopf trabt er tiefer in den Wald hinein. Es ärgert ihn, dass seine Brüder schneller und stärker sind als er. Gegen die beiden hat er einfach nie eine Chance!

Yuri läuft weiter und weiter, vorbei an den vertrauten Büschen und Sträuchern. Schließlich dringt er in einen Teil des Waldes vor, in den er sich bisher noch nie hineingewagt hat. Der Boden hier ist ein bisschen sumpfig – ganz anders als der sandige, trockene Untergrund um den Fuchsbau herum. Yuri gefällt es, wie seine Pfoten beim Laufen leicht einsinken. Er bleibt stehen und zieht mit dem rechten Vorderlauf einmal durch den Schlamm. Das fühlt sich wunderbar weich und glitschig an, und der Boden sieht danach anders aus als vorher. »Erstaunlich«, sagt Yuri leise, und betrachtet die kleine Bahn, die er mit seiner Pfote gemacht hat. Wie wäre es denn, wenn er ein richtiges Muster malen würde … Yuri beginnt zu buddeln und zieht lange Rillen in den matschigen Boden. Noch toller sieht es aus, wenn er die einzelnen Rillen miteinander verbindet. Yuri ist mit Feuereifer bei der Sache, als er plötzlich ein leises Grunzen hört. Er hebt den Kopf und entdeckt ein paar Meter von ihm entfernt ein Frischlingsmädchen, das ihn schüchtern beobachtet. Als ihre Blicke sich treffen, weicht das kleine Wildschwein blitzschnell hinter einen Baum zurück.

Vorsichtig macht Yuri ein paar Schritte in die Richtung. Er legt den Kopf leicht zur Seite und ruft freundlich: »Entschuldigung, wenn ich dich erschreckt habe. Ich heiße Yuri.«

Der Kopf des Frischlingsmädchens taucht hinter dem Stamm auf, und es erwidert: »Ich bin Tira.« Jetzt kommt Tira ganz hinter dem Baum hervor und betrachtet interessiert die Bahnen, die Yuri in den Boden gezogen hat. Dann reckt sie ihren Rüssel in die Höhe, schnuppert und betrachtet den Himmel. »Weißt du, es wird gleich anfangen zu regnen. Dann entstehen da richtige Wasserstraßen«, sagt sie fachkundig. »Aber diese Rille hier musst du noch tiefer machen, sonst kann das Wasser nicht von dem Kanal in den da fließen.«

Yuri schaut sie überrascht an. »Du kennst dich aber gut aus! Buddelst du selbst auch gerne?«

»Für mein Leben gern«, antwortet Tira.

»Dann lass uns doch gemeinsam die Wasserstraßen ausbauen«, schlägt Yuri vor.

Tira strahlt.

Den Rest des Tages graben sie zusammen im Schlamm. Irgendwann beginnt es tatsächlich zu regnen, und langsam aber sicher füllen sich die Bahnen. Tira und Yuri legen Wasserfälle an, errichten Staudämme und buddeln kleine Seen.

Als es allmählich dunkel wird, sagt Tira schließlich: »Ich muss jetzt leider nach Hause. Meine Mama wartet bestimmt schon mit dem Essen auf mich.«

Einen Moment lang stehen der Fuchsjunge und das Wildschweinmädchen einander schweigend gegenüber und schauen sich an. Yuri fand den Tag mit Tira ganz toll.

»Können wir uns morgen wieder hier treffen?«, schlägt er vor.

Tira stimmt sofort begeistert zu. »Dann lassen wir Holzstückchen als Boote auf den Kanälen fahren«, sagt sie und grunzt fröhlich zum Abschied.

Als Yuri nach Hause kommt, warten seine Mama und seine Brüder schon ungeduldig im Fuchsbau auf ihn.

»Wo bist du so lange gewesen?«, fragt Mama und leckt ihm liebevoll über das Fell. Dann schnuppert sie an ihm: »Du riechst nach Wildschwein!«

Yuri erzählt, wie er Tira kennengelernt hat und was sie heute alles Tolles zusammen erlebt haben. Seine Brüder lauschen mit offenen Mündern. »Und morgen wollen wir weitermachen!«, verkündet Yuri stolz und muss plötzlich ganz laut gähnen.

Von dem aufregenden Tag ist er sehr müde. Zufrieden kuschelt er sich an Mama. Seine Augen sind schon halb geschlossen, als er bemerkt, dass Lumpi ihn nachdenklich betrachtet.

»Was ist los?«, fragt Yuri.

»Ich finde dich ganz schön stark«, erwidert Lumpi. »Dass du heute einfach so ein ganz fremdes Tier angesprochen hast, das du vorher noch gar nicht kanntest … ich hätte mich das nicht getraut!«

»Danke Lumpi«, sagt Yuri. Und mit einem breiten Lächeln auf seinem Gesicht schläft er ein.

Waldwissen: Füchse und Wildschweine

Kleine Fuchswelpen werden im Frühjahr geboren. Meist kommen zwei bis zehn Geschwister auf einmal zur Welt, die bei der Geburt nur etwa 100 Gramm wiegen. Anfangs sind sie nackt, hilflos und blind.

Im Alter von sechs Wochen verlassen die Jungen das erste Mal den Fuchsbau, und mit zehn Wochen machen sie schon längere Ausflüge, manchmal auch allein.

Fuchsgeschwister spielen viel miteinander und probieren dabei aus, was sie schon alles können.

Sie balgen und liefern sich Verfolgungsjagden und Rangeleien. Gerne knabbern sie auch an Stöckern herum und schärfen so ihre Zähne.

Wildschweinkinder werden Frischlinge genannt. Sie kommen zwischen März und Mai zur Welt, meist sind es zwischen drei und acht Geschwister. Bei der Geburt wiegen sie 700 bis 1.100 Gramm, haben bereits Fell und können sehen. Wildschweine nehmen sehr gerne Schlammbäder. Besonders im Sommer wälzen sie sich ausgiebig in der sumpfigen Erde und kühlen sich dabei ab. Durch die Schlammschicht in ihrem Fell können Mücken und Bremsen sie nicht mehr stechen.

Auch lieben es Wildschweine, sich an borkigen, harzigen Baumstämmen zu scheuern. Das nennt man Malen.

Wenn sie sich etwas zu fressen suchen, durchwühlen sie den Boden mit ihrer harten Rüsselscheibe. Sie haben einen ausgezeichneten Geruchssinn und können Leckerbissen auch tief unter der Erde aufspüren.

Eine monstermäßige Geburtstagsparty

Nur noch sieben Mal schlafen, dann wird Emmi fünf! Beim Abendessen erzählt sie, wen sie alles zu ihrem Geburtstag einlädt: Sofia, Ben, Arian, Elif, Katie und Mohammed aus der Kita, Mila und Lola vom Turnen, natürlich Lilli und Liam von nebenan, und, na klar, Tino, ihren großen Bruder.

»Oha«, sagt Papa, und Mama zählt nach: »Zusammen mit dir sind das zwölf Kinder, Emmi! Das geht nicht. Dafür ist unsere Wohnung gar nicht groß genug!« Aber Emmi hat schon allen Bescheid gesagt. Und Wieder-Ausladen wäre sehr unhöflich.

Mama macht ein ganz erschrockenes Gesicht, aber Papa hat die Lösung: »Wenn wir einfach mit der ganzen Meute in den Wald gehen, wird das gut klappen!«

»Ein Waldspaziergang als Geburtstagsparty?«, fragt Tino und rümpft die Nase.

»Kein Waldspaziergang!«, sagt Papa, »eine Wald-Ralley,

mit Schatzsuche und allem Drum und Dran. Keine Sorge, das wird toll!«

Das glaubt Emmi auch und bastelt direkt die Einladungskarten für ihre Gäste.

Eine Woche später ist es so weit. Emmi thront mit Geburtstagskrone auf dem Kopf im Bollerwagen, den Papa mit Wimpeln, Zweigen und Blumen geschmückt hat. Elif und Ben ziehen den Wagen, Mila und Lola schieben von hinten, und der Rest läuft links und rechts nebenher. So zockelt die Partygesellschaft fröhlich in den Wald hinein.

»Stopp!«, ruft Papa auf einmal laut und deutet auf eine Stelle am Waldboden. Was ist das denn? Ein riesiger Fußabdruck mit drei Zehen ist dort zu sehen. Die Kinder untersuchen ihn sorgfältig. Natürlich ist auch Emmi längst aus dem

Bollerwagen herausgeklettert – sie muss doch wissen, was da los ist! Ihrer Meinung nach sieht die Spur fast aus wie die von einem Dinosaurier – aber das kann ja gar nicht sein, denn die sind schon lange ausgestorben. Emmi schaut in die Richtung, in die die Zehen deuten. Da! Da steckt doch etwas zwischen zwei Wurzeln am Wegesrand: Ein gelber Briefumschlag! Sie zieht ein Papier heraus und Mama liest vor:

»Liebe Emmi und liebe Freunde von Emmi! Ich bin Waldtraut, das freundliche Waldmonster, und ich freue mich, dass ihr heute in meinem Reich feiern möchtet. Um euch willkommen zu heißen, habe ich einen Schatz für euch versteckt. Folgt meinen Fußstapfen, dann findet ihr ihn. Unterwegs müsst ihr ein paar Aufgaben erledigen und Rätsel lösen, um zu beweisen, dass ihr echte Wald-Meister seid. Achtet auf meine gelben Umschläge. Viel Glück!«

Die Kinder schauen sich mit großen Augen an. Ein Waldmonster! Ui, das ist aufregend.

Alle düsen los und suchen den Boden nach Waldtrauts Fußspuren ab. Mama und Papa haben Mühe, mit dem Bollerwagen hinterherzukommen.

Mohammed entdeckt den nächsten gelben Umschlag zwischen den Zweigen eines Busches. Darin stecken drei Blätter. Also, nicht Papier-Blätter, sondern Blätter von Bäumen.

Auf einem Zettel steht Waldtrauts Aufgabe: »Welches ist ein Eichenblatt?« Die Kinder nehmen nacheinander die Blätter in die Hand und betrachten sie genau. Das erste ist

rundlich, an dem zweiten sind geschwungene Ausbuchtungen, und das dritte hat große Zacken.

»Waldtraut, das ist viel zu schwer«, murmelt Mama kopfschüttelnd.

Aber Papa hat einen guten Tipp: »Könnte es vielleicht sein, dass wir gerade unter einem Eichenbaum stehen?« Die Kinder blicken neugierig an dem großen Stamm nach oben. Ach, dann ist es ganz einfach: Man muss nur schauen, welche Blätter am Baum sind, und die dann mit den drei Blättern aus dem Umschlag vergleichen, und …

»Das hier ist das Eichenblatt!« ruft Sofia und hält das zweite in die Höhe.

Alle klatschen und jubeln, denn die Antwort ist richtig!

Und schon geht es weiter. Auf einer bemoosten Fläche am Boden bemerken sie wieder einen gelben Umschlag. Waldtraut hat extra einen Stein darauf gelegt, damit er nicht wegweht.

Lilli zieht den Brief heraus, und Papa liest vor:

»Eure nächste Aufgabe ist es, den Bach zu überqueren, denn der Schatz ist auf der anderen Seite versteckt. Findet eine gute Stelle, an der das geht!«

Sofort machen sich alle auf die Suche und laufen am Ufer entlang. Eine Brücke gibt es nicht, und um einfach hinüberzuspringen ist der Bach zu breit. Tino würde es vielleicht schaffen, denkt Emmi und schaut sich suchend nach ihrem Bruder um. Wo ist er eigentlich?

»Kommt mal alle her, ich hab' eine Idee!«, ruft plötzlich Liam. Er hockt an einer Biegung des Flusses, wo mehrere große Steine aus dem Wasser herausragen. »Hier können wir auf die andere Seite gehen«, schlägt er vor. Und so machen sie es auch. Ein Kind nach dem anderen balanciert vorsichtig über die Steine ans gegenüberliegende Ufer. Am Ende tragen Mama und Papa noch den Bollerwagen über den Bach. Das ist eine ganz schön wackelige Angelegenheit, aber glücklicherweise haben die beiden Gummistiefel an und können einfach durchs Wasser gehen. Geschafft!

»Und wo ist jetzt der Schatz?«, will Emmi wissen.

Die Kinder schauen sich um. Kein Schatz weit und breit! Aber an einem Baum steckt zwischen zwei Ästen ein weiterer gelber Umschlag.

»Ihr müsst nur noch ein letztes Rätsel lösen, dann bekommt ihr eure Belohnung!«, hat Waldtraut auf den Zettel geschrieben.

»Welches dieser Tiere hält einen Winterschlaf: Wildschwein, Reh oder Igel?«

Die Kinder beratschlagen und legen sich schließlich auf den Igel fest. Die Antwort ist richtig, und deshalb liest Papa vor, was Waldtraut noch geschrieben hat:

»Herzlichen Glückwunsch! Ihr habt bewiesen, dass ihr echte Wald-Meister seid. Geht jetzt noch 50 Schritte weiter geradeaus, dann findet ihr den Schatz.«

Zum Glück hat Tino Emmi vor Kurzem beigebracht, bis 50 zu zählen! Aber komischerweise ist nach 50 Schritten kein Schatz zu sehen.

»Kann es sein«, sagt Mama, und schaut dabei Papa an, »dass Waldtraut viel größere Schritte macht als wir?«

Das kann gut sein, meint auch Papa, und deswegen laufen sie einfach noch ein Stückchen weiter. Und da sieht Emmi es plötzlich! Am Wegesrand steht eine Schatztruhe, bedeckt mit ein paar Zweigen und Blättern. Schnell fegt Emmi die zur Seite und öffnet den Deckel.

Die Kinder fangen laut an zu jubeln! Unmengen von Süßigkeiten kommen zum Vorschein: Goldtaler aus Schokolade, Gummibärchen, Brausepulver-Tüten,

Schokolinsen … Jedes Kind darf in die Kiste greifen und sich etwas herausnehmen.

»Ich finde, Waldtraut ist ein tolles Waldmonster«, sagt Arian mit vollen Backen.

Plötzlich ertönt aus dem großen Laubhaufen neben ihm eine geheimnisvolle Stimme: »Natürlich bin ich das! Ich bin das beste Waldmonster aller Zeiten!« Alle schauen erschrocken auf den Laubhaufen, der plötzlich anfängt, sich zu bewegen. Zuerst kommt eine Hand aus den Blättern hervor, dann noch eine, und dann richtet sich das ganze Wesen auf und macht gruselige Grunzgeräusche.

Mohammed schreit entsetzt auf, aber Emmi lacht: »Das ist kein Waldmonster! Das ist Tino!« Und wirklich! Ihr Bruder schüttelt sich das Laub vom Körper und schnappt sich auch eine Süßigkeit aus der Schatztruhe. »Mann, habt ihr lange gebraucht«, sagt er, »ich dachte schon, ich muss für immer in diesem Laubhaufen sitzen!«

Mama und Papa breiten Picknickdecken aus, und Mama holt einen großen Baumkuchen aus dem Bollerwagen hervor. Zuerst essen sich alle richtig satt, und dann wird Fangen gespielt. Der Reihe nach ist jeder einmal das Waldmonster und muss die anderen jagen. Das Ganze endet mit einer großen Laubschlacht – es macht riesigen Spaß.

»Meinen sechsten Geburtstag feiere ich auch im Wald«, verkündet Emmi. »Dann lade ich aber den Rest meiner Kitagruppe auch noch ein – hier ist ja Platz genug für alle!«

Spielidee: Schatzsuche mit einer Wald-Sammelbox

Aus einem leeren 10er- oder 6er-Eierkarton kannst du dir eine tolle Wald-Sammelbox basteln:
Klebe auf den Deckel eine Übersicht mit Dingen, die du im Wald suchen möchtest. Gute Fundstücke sind zum Beispiel:

- ein Blatt von einem Laubbaum
- eine Kastanie
- ein Grashalm
- ein Tannenzapfen
- ein Zweig
- ein Stein
- ein Schneckenhaus
- eine Eichel
- eine Blume
- eine Feder

Und dann kann es losgehen. Schnapp dir deine Sammelbox und zieh los, um sie zu füllen. Immer, wenn du einen Schatz gefunden hast, steckst du ihn in das passende Fach in deinem Eierkarton.
Wie viele Ausflüge in den Wald brauchst du, bis alle Fächer voll sind?

Luna büxt aus

»Luna, nicht zu wild! Dein Bruder bekommt ja kaum noch Luft«, mahnt Wolfspapa Rasmus. Zusammen mit Rava, der Wolfsmama, beobachtet er das ausgelassene Treiben seiner Kinder vor der Schlafhöhle der Familie. Luna balgt sich mit ihrem Bruder Niko; fröhlich purzeln die beiden über den sandigen Boden.

»Alles gut, Papa, wir spielen nur«, ruft Niko und windet sich geschickt aus Lunas Umklammerung heraus.

Den Wolfskindern macht es großen Spaß, miteinander zu raufen. Bis vor Kurzem waren sie immer nur in der Höhle, haben viel gekuschelt, geschlafen und die Nähe ihrer Mama genossen. Aber seit ein paar Tagen zieht es sie mehr und mehr nach draußen, denn dort kann man sich herrlich austoben.

Leider ist damit für heute erst einmal Schluss. Die Sonne ist schon fast untergegangen, und für die kleinen Wölfe ist Schlafenszeit. Da kommt auch schon ihre große Schwester Kara von der Jagd zurück. Sie löst nun Mama und Papa beim

Aufpassen ab, damit die Wolfseltern auch auf Beutezug gehen können.

»Seid schön lieb, bis wir wieder da sind«, sagt Papa Rasmus.

»Und hört auf das, was Kara euch sagt«, ergänzt Mama Rava.

Dann verschwindet das Paar mit geschmeidigen Bewegungen zwischen den Bäumen.

Luna hat noch überhaupt keine Lust, zurück in die Höhle zu gehen, aber Kara steht schon am Eingang und guckt sie ganz streng an. Luna seufzt und trollt sich zusammen mit Niko nach drinnen. Dort kuscheln die beiden sich in einer Mulde zusammen, während Kara sich lang gestreckt an den Ausgang legt.

Luna vergräbt ihr Gesicht in Nikos Fell. Bald schon merkt sie an seinen tiefen Atemzügen, dass er eingeschlafen ist. Aber bei ihr will es einfach nicht klappen! Sie ist noch gar nicht müde, nicht mal ein klitzekleines bisschen. Unruhig hebt sie den Kopf. Silber-weißes Licht fällt in die Höhle. Bestimmt ist der Mond heute ganz groß und rund. Luna würde ihn sich zu gerne anschauen. Nur ganz kurz! Verstohlen blickt sie zu Kara hinüber, die mit halbgeschlossenen Augen vor sich hin döst. Ob sie wohl merken würde, wenn Luna noch einmal hinaushuscht? Die kleine Wölfin beschließt, es einfach zu versuchen. Leise steht sie auf und schleicht Richtung Höhlenausgang. Sie steigt vorsichtig über Karas Schwanz und hält den Atem an. Aber Kara scheint

Luna gar nicht wahrzunehmen, sie gähnt nur und legt den Kopf auf ihre Vorderläufe.

Als Luna vor die Höhle tritt, umgibt sie kühle Nachtluft. Geschafft! Sie schaut zum Himmel, und da ist er: ein riesengroßer weißer Vollmond. Er sieht einfach wunderschön aus. Und wie hell er scheint! Eigentlich ideale Voraussetzungen für eine kleine Nachtwanderung, findet Luna.

Mit klopfendem Herzen tapst sie los. Noch nie hat sie den sandigen Platz vor der Wolfshöhle verlassen, deshalb ist sie ganz schön aufgeregt, als sie auf dem unbekannten Waldweg vorantrabt.

Plötzlich bleibt sie wie angewurzelt stehen. Aus der Dunkelheit vor ihr kommen unzählige kleine Lichtlein auf sie zu. Im ersten Augenblick will Luna vor ihnen davonlaufen, aber dann merkt sie, dass die Leuchttierchen freundlich sind und ihr nichts tun. Sie schwirren auf und nieder und funkeln dabei wie ein Feuerwerk. Schon tanzen sie um Lunas Kopf herum, und ihr kommt es fast vor, als würden sie dabei leise vor sich hin lachen. Dann schweben sie weiter.

»Macht's gut«, flüstert Luna, »ich hoffe, wir sehen uns bald wieder!«

Im Gebüsch neben ihr ertönt jetzt ein seltsames Schmatzen und Schnaufen. Luna entdeckt ein komisches Tier, das fast am ganzen Körper mit Stacheln bedeckt ist. Mit seiner spitzen Schnauze wühlt es in der Erde herum.

»Suchst du etwas?« fragt Luna den kleinen Kerl.

Ruckartig hebt er den Kopf und macht dann etwas ganz Lustiges: Er rollt sich zu einem Ball zusammen, sodass sein Gesicht und seine Beine überhaupt nicht mehr zu sehen sind. Luna staunt. Vielleicht will der Kleine, dass sie mit ihm spielt? Beherzt stupst sie die Kugel mit der Vorderpfote an und jault erschrocken auf. »Autsch! Das piekst!« Sie leckt mit ihrer Zunge über die schmerzende Pfote. Da kommt das Gesicht des Stachel-Wesens zaghaft wieder aus dem Ball hervor.

»Entschuldige«, sagt es kleinlaut, »ich wollte dich nicht

verletzen. Ich hab mich nur erschrocken, als du so plötzlich aufgetaucht bist.«

»Halb so schlimm, tut schon nicht mehr weh«, sagt Luna, und will das stachelige Geschöpf gerade fragen, was für ein Tier es ist, da trollt es sich auch schon durch die Büsche davon. Schade!

Als sie weiter den schmalen Pfad entlangläuft, hört sie über sich ein helles Tschirpen. Sie hebt den Kopf und erblickt am Nachthimmel eine schwarze Gestalt mit ganz sonderbaren Flügeln: Die haben keine Federn, sondern sehen beinahe aus wie sehr große Blätter eines Baumes, nur dass sie nicht grün sind, sondern dunkel schimmern. Das Wesen kommt im Sturzflug auf Luna zu, bremst aber ab, kurz bevor es mit ihrem Kopf zusammengekracht wäre.

»Hallo«, sagt das Geschöpf freundlich, während es sich flatternd im Kreis bewegt, »ich bin auf der Suche nach Nachtfaltern. Hast du zufällig welche gesehen?« Luna schüttelt sprachlos den Kopf. Sie weiß gar nicht, was Nachtfalter sind, und genauso wenig weiß sie, wen sie da vor sich hat. »Na, macht ja nichts«, ruft die dunkle Gestalt. »Einen schönen Abend noch!« Und damit schwirrt sie zwischen den Bäumen davon.

Luna schaut ihr ehrfurchtsvoll und ein bisschen verwirrt hinterher, dann läuft sie weiter. Was ist das für eine aufregende, wunderschöne Nacht! So viel Spannendes wie heute hat sie in ihrem ganzen Leben noch nicht gesehen.

Hinter der nächsten Biegung ertönt plötzlich aus einem Baum ein verwunschener Ruf. Luna schaut hinauf und blickt in zwei gelbe Augen. Die gehören einem gefiederten Tier, das Luna interessiert beobachtet.

»Hallo, kleine Wölfin. Bist du etwa ganz allein unterwegs, so spät in der Nacht?«, fragt das Wesen.

Luna nickt. Sie weiß selbst nicht genau, warum, aber mit einem Mal fühlt sie sich ziemlich verloren und sehnt sich nach der Geborgenheit ihrer Schlafhöhle. Sie schaut sich nach allen Seiten um. In welche Richtung geht es denn jetzt eigentlich nach Hause?

»Ich glaube, ich habe mich ein bisschen verlaufen«, sagt sie zu dem Federtier.

»Das macht doch nichts«, antwortet es vom Baum herunter. »Deine Mutter ist auch noch draußen unterwegs, ich habe sie eben von hier oben gesehen. Ruf doch einfach mal nach ihr!«

Das ist eine gute Idee! Luna legt den Kopf in den Nacken und beginnt zu heulen: »Mama! Mama, kannst du mir helfen?«

Sofort ertönt in der Nähe Mama Ravas Antwort-Geheul. »Ich bin gleich bei dir, Luna! Sei ganz ruhig!«

Und wirklich. Nur wenige Augenblicke später raschelt es im Gebüsch, und ihre Mutter tritt hervor. Luna schmiegt sich an sie, und Rava leckt ihr zärtlich über das Fell.

»Na, dann ist ja alles in Ordnung«, sagt das Wesen im Baum, breitet seine Schwingen aus und fliegt davon.

»Du hast also Bekanntschaft mit einer Eule gemacht«, stellt Rava fest. Luna nickt. Sie ist froh, dass Mama da ist.

»Komm, wir gehen nach Hause«, schlägt Rava vor. Eine Weile laufen Mutter und Tochter schweigend nebeneinander her.

Dann fragt Rava: »Hast du etwas Schönes erlebt heute Abend?«

Luna sprudelt begeistert los: »Mama, da waren tausend kleine Lichter, die in der Nacht gefunkelt haben! Und dann hab ich so ein Stacheltier gesehen, dass sich in einen Ball verzaubern konnte. Und ein Wesen mit dunkel schimmernden Flügeln ohne Federn!«

Rava lacht leise. »Ich glaube, du hast einige Glühwürmchen, einen Igel und eine Fledermaus getroffen!«

Luna versucht, sich die Namen der Tiere zu merken, damit sie sie beim nächsten Mal schon besser zuordnen kann. Plötzlich hält sie inne. »Bist du denn gar nicht böse auf mich, weil ich heimlich abgehauen bin?«

»Ach weißt du«, antwortet ihre Mutter, »ich war ja auch mal klein und neugierig auf diese spannende Welt, in der wir leben. Es ist wichtig, dass du Dinge ausprobierst und erforschst, und ich muss dich lassen.« Rava seufzt und fügt leise hinzu: »Auch wenn mir das nicht gerade leichtfällt!«

Dann knufft sie Luna liebevoll in die Seite. »Hauptsache, du rufst mich immer, wenn du mich brauchst. Dann bin ich sofort für dich da!«

In Luna drinnen leuchtet es so hell wie der Vollmond, der den beiden Wölfen den Weg weist. »Versprochen!«, sagt sie fest. »Danke, Mama!«

Waldwissen: Wölfe

Vor 500 Jahren gab es in unseren Wäldern jede Menge Wölfe. Die Menschen hatten große Angst vor ihnen, denn sie hielten sie für böse. Sie jagten sie unerbittlich, bis der Wolf bei uns als ausgerottet galt – für etwa 150 Jahre.
Aber im Jahr 2000 wurden erstmals wieder Wolfswelpen in freier Wildbahn geboren. Seitdem leben immer mehr Wölfe in unseren Landschaften. Inzwischen stehen sie unter Naturschutz und dürfen nicht gejagt werden.

Kleine Wölfe kommen im Frühling zur Welt – meistens vier bis sechs Geschwister auf einmal.
Eine Wolfsfamilie nennt man Rudel. Das besteht nicht nur aus den Eltern und den ganz Kleinen, sondern auch noch aus den größeren Geschwistern, die schon in den Vorjahren zur Welt gekommen sind. Sie helfen ihren Eltern bei der Aufzucht der Welpen. Irgendwann verlassen sie das Rudel und gründen ihre eigene Familie.

Wölfe heulen, um sich miteinander zu verständigen – zum Beispiel, um einander mitzuteilen, wo sie gerade sind. Manchmal dient das Wolfsgeheul auch dazu, einem fremden Rudel zu zeigen, dass dieses Gebiet bereits besetzt ist.

Ein Fest für die Bäume

»Ich finde es so klasse, dass du dich getraut hast, vom Ein-Meter-Brett zu springen«, sagt Papa Thorsten zu Mina.

»Das war echt mutig von dir«, stimmt Papa Andreas zu.

Mina lächelt glücklich in sich hinein und tritt voller Stolz noch kräftiger in die Pedale. Die drei radeln nach einem tollen Tag im Freibad durch die Abendsonne nach Hause.

Sie biegen in ihre Straße ein und stellen die Räder an den Fahrradständern ab. Als Mina an dem Ahornbaum vorbeigeht, der vor ihrem Haus steht, fällt ihr an dessen Stamm ein Zettel auf, der dort heute Morgen noch nicht hing. Papa Thorsten liest vor, was darauf steht:

»Bitte gießt die Bäume, denn sie haben großen Durst. Es ist zu heiß, und es hat zu lange nicht geregnet.«

Unterschrieben haben den Aufruf die »Baumfreunde«, eine Umweltschutzorganisation, die sich dafür einsetzt, dass es den Bäumen der Stadt gut geht.

Mina bemerkt, dass die Zettel an jedem Baum in der Straße hängen.

»Ich hab gar nicht gewusst, dass Bäume Durst haben«, wundert sie sich. »Wie trinken die denn? Sie haben ja gar keinen Mund!«

»Sie nehmen das Wasser aus der Erde auf, und zwar mit ihren Wurzeln«, erklärt Papa Andreas. »Aber wenn der Boden zu trocken ist, dann bekommen sie nicht genug Feuchtigkeit.«

»Dann lasst uns diesem hier mal ganz schnell etwas zu trinken bringen«, ruft Mina energisch.

Oben in der Wohnung holen sie die große Gießkanne vom Balkon, Minas kleine vom Badewannenrand und einen Eimer aus dem Putzschrank und füllen alle drei Gefäße mit Wasser. Ganz vorsichtig, damit sie nichts verschütten, tragen sie sie durch das Treppenhaus nach unten. Mina gießt das Wasser einmal rund um den Baumstamm herum. Es gluckert in die Erde, und sie stellt sich vor, wie es tiefer und tiefer sinkt und schließlich die Wurzeln des Baumes erreicht. Bestimmt freut er sich, dass er endlich etwas zu trinken bekommt.

»Das machen wir jetzt jeden Tag«, beschließt Mina.

Papa Thorsten schaut sich den Zettel der Baumfreunde genauer an. Dort stehen in kleingedruckter Schrift noch weitere Informationen.

»Die schreiben hier, dass man nicht täglich gießen soll, sondern nur etwa einmal pro Woche – dafür dann aber eine größere Menge«, liest er vor.

Mina nimmt sich in jede Hand eine Gießkanne. »Dann holen wir am besten gleich die zweite Runde«, schlägt sie vor.

Als sie am nächsten Morgen in die Kita kommt, ist es dort furchtbar warm, obwohl alle Fenster geöffnet sind.

»Du kannst die Schuhe direkt anlassen«, begrüßt Marc, der Erzieher, sie schon im Flur. »Sobald alle Kinder da sind, machen wir einen Ausflug in den Wald. Heute frühstücken wir unter Bäumen – da ist es nämlich viel kühler als bei uns im Gruppenraum.«

Kurze Zeit später zockeln die Kinder mit Marc und Connie, der zweiten Erzieherin, los.

Als die Gruppe von dem asphaltierten Bürgersteig in den Waldweg einbiegt, merkt Mina sofort den Unterschied. Es ist angenehm, im Schatten zu laufen. Die Luft hier ist viel frischer als zwischen all den Häusern im Wohngebiet.

Als sie zu einigen gefällten Baumstämmen kommen, die am Wegesrand lagern, machen sie es sich darauf bequem und packen ihre Brotdosen aus.

Mina nimmt ein paar große Schlucke aus ihrer Wasserflasche. Das tut gut!

»Gestern habe ich dem Baum vor unserem Haus etwas zu trinken gegeben«, sagt sie und berichtet den anderen von dem Zettel der »Baumfreunde«.

»Gerade wenn es sehr heiß ist, sind Bäume besonders wichtig für uns Menschen«, sagt Connie. »Sie helfen uns! Dort, wo Bäume stehen, ist es immer kühler als anderswo – das merkt ihr ja auch hier im Wald.«

»Können wir nicht im Kitagarten ein paar Bäume pflanzen?«, schlägt Nadir vor.

Diese Idee finden alle toll, denn bisher gibt es dort keinen einzigen Baum. »Allerdings brauchen Bäume lange, um zu wachsen«, gibt Marc zu bedenken. »Bis frisch eingepflanzte junge Bäume so groß sind, dass sie Schatten geben und die Luft kühlen, werdet ihr alle schon längst nicht mehr in die Kita gehen!«

Das ist Mina und ihren Freunden egal, denn es kommen ja immer wieder neue Kinder in die Kita. Und die werden sich dann irgendwann über große, schöne Bäume freuen.

Merle weiß, dass es teuer ist, Bäume zu pflanzen – ihre Mutter ist nämlich Landschaftsgärtnerin. Sofort überlegen alle, wie sie Geld für ihr Vorhaben auftreiben können.

»Wir sollten einen Flohmarkt machen«, schlägt Mina vor. »Da verkaufen wir gebrauchtes Spielzeug und Anziehsachen, die uns zu klein geworden sind. Für die Umwelt ist es nämlich auch gut, wenn Dinge mehrfach verwendet werden und nicht immer so viel Neues in den Fabriken hergestellt wird.«

Das weiß sie von ihren Papas.

»Wartet mal«, sagt Connie und kramt aus ihrem Rucksack Papier und einen Stift hervor, »wir schreiben jetzt mal alles auf, womit wir der Umwelt, den Bäumen, der Erde und uns selbst etwas Gutes tun können!« Und sie beginnt zu notieren, was die Kinder ihr zurufen. Am Ende ist die Liste ziemlich lang:

Was wir für die Umwelt tun können:

- Dinge mehrfach verwenden.
- Nichts Neues kaufen, was wir nicht wirklich brauchen.
- Kaputte Dinge reparieren, statt sie wegzuwerfen.
- Mit dem Fahrrad fahren oder zu Fuß gehen, statt mit dem Auto zu fahren.
- Strom sparen – zum Beispiel das Licht ausmachen, wenn wir ein Zimmer verlassen.
- So wenig Müll wie möglich verursachen! Also zum Beispiel Brotdosen statt Einwickel-Folie benutzen.
- Wasser sparen.
- Mehr Gemüse und weniger Fleisch essen.

Als Mina von der Kita nach Hause kommt, erzählt sie ihren Papas sofort, was sie heute alles im Wald besprochen haben.

»Ab jetzt fahren wir immer mit dem Fahrrad zur Kita«, verkündet sie. Bisher hat Papa Andreas sie morgens oft mit dem Auto gebracht, wenn sie spät dran waren. Das geht nämlich viel schneller als mit dem Rad. Aber damit ist jetzt Schluss.

»Wir stehen einfach immer so früh auf, dass es auf jeden Fall klappt mit dem Fahrrad!«, erklärt sie.

»Aber wenn es einmal in Strömen regnet …«, beginnt Papa Thorsten –

»… dann ziehen wir Regenzeug an«, beendet Mina seinen Satz.

In den nächsten Tagen verbringen die drei viel Zeit damit, die Schränke auszumisten und alles, was sie auf dem Flohmarkt verkaufen wollen, in Kisten zu packen. Dabei kommt eine ganze Menge zusammen. Und sie finden auch Dinge, von denen Mina gar nicht mehr wusste, dass sie sie besitzt – zum Beispiel ein schönes altes Buch über Bäume. »Das verkaufe ich aber nicht! Das möchte ich behalten«, beschließt sie.

Zwei Wochen später ist es so weit: Auf dem Außengelände der Kita findet das »Fest für die Bäume« statt. Überall hängen bunte Plakate, die Mina und ihre Freunde gemalt haben. Die Eltern haben zusammen mit den Erzieherinnen und

Erziehern Sonnenschirme aufgestellt, damit es ausreichend Schatten gibt. Auf Decken und Klapptischen sind die Flohmarktsachen ausgebreitet – und Mina verkauft, was das Zeug hält. Es macht ihr großen Spaß.

Aber es gibt noch viele andere Stände: Max' Mutter repariert kaputtes Holzspielzeug. Meryems Vater näht nebenan Flicken auf zerrissene Hosen. Und Papa Thorsten pumpt zusammen mit Sarahs Mutter Fahrrad-, Laufrad- und Rollerreifen auf, damit alle Kinder mit ihren eigenen Fahrzeugen zur Kita kommen können.

Papa Andreas betreut den Getränkestand und bringt Mina zwischendurch immer mal wieder ein Glas Wasser. »Nicht nur die Bäume müssen ausreichend trinken bei der Hitze«, sagt er und zwinkert Mina zu.

Am Ende des Festes zählt Connie das Geld, das sie eingenommen haben. Als sie die Summe verkündet, bricht lauter Jubel los: Es ist richtig viel zusammengekommen. Sobald es nicht mehr so heiß ist, wollen die Kinder im Kitagarten die Bäume pflanzen.

»Dann können wir jeden Tag schauen, wie sie wachsen«, sagt Merle.

Als Mina und ihre Papas abends nach Hause kommen, sind alle drei sehr müde.

»Jetzt kannst du bestimmt gut schlafen«, sagt Papa Andreas.

»Noch nicht«, erwidert Mina, »erst müssen wir den Baum gießen.«

Nachdem sie mehrmals mit Gießkannen und Eimern in die Wohnung hoch und wieder hinuntergelaufen sind und die Erde rund um den Stamm ordentlich gewässert haben, legt Mina ihre Hand auf die Rinde. »In einer Woche bringen wir dir Nachschub«, verspricht sie. Dann gähnt sie herzhaft.

»Zeit fürs Bett«, sagt Papa Thorsten. Er sieht Papa Andreas an und reicht ihm die Gießkannen und Eimer. »Ich schlage vor, du trägst die, und ich trage unsere tolle Baumfreundin.« Papa Andreas lächelt und nickt.

»Das ist eine gute Idee«, murmelt Mina und schmiegt sich fest an Papa Thorsten, der sie auf den Arm nimmt und die Treppen hinauf in die Wohnung trägt.

Der Klimawandel und was wir tun können

Die Temperatur auf der Erde hat sich schon immer verändert. Aber seit etwa 200 Jahren erwärmt sich unser Planet schneller als zuvor. Das liegt an sogenannten Treibhausgasen, von denen die Menschen viele verursachen.

Eins dieser Treibhausgase ist Kohlenstoffdioxid, auch CO_2 genannt. Dass davon so viel entsteht, liegt unter anderem daran, dass wir Kohle, Erdöl und Erdgas verbrennen. Das geschieht vor allem in Fabriken, beim Autofahren und bei der Strom- und Wärmeerzeugung.

Damit sich die Erde nicht zu stark erwärmt, ist es deswegen wichtig, dass wir nicht so viel Kohlenstoffdioxid produzieren. In der Geschichte haben Mina und ihre Freunde ein paar gute Ideen zusammengetragen, wie wir CO_2 einsparen können.

Wenn du selbst versuchst, das Klima zu schützen – zum Beispiel indem deine Familie weniger mit dem Auto fährt – dann ist das ein ganz toller Anfang.

Es ist wichtig, dass möglichst viele Menschen und vor allem auch die großen Firmen weniger CO_2 produzieren.

Um auf das Thema aufmerksam zu machen, gehen regelmäßig Menschen zusammen demonstrieren – das heißt, sie gehen gemeinsam auf die Straße.

Fridays for Future Deutschland ist eine Bewegung, die sich seit 2018 für Klimaschutz einsetzt. Jedes Jahr veranstalten sie unter anderem im März und im September große Demonstrationen, denen sich auch Umweltschutzorganisationen wie Greenpeace, NABU und WWF anschließen – bestimmt auch in deiner Nähe! An diesen Demonstrationen kannst du mit deinen Eltern teilnehmen. Je mehr Menschen zeigen, wie wichtig ihnen Klimaschutz ist, desto eher werden die notwendigen Veränderungen stattfinden.

Im Reich des Riesenkaninchens

»Ihr kriegt mich nicht, ihr kriegt mich nicht!«, ruft Nini ihren Geschwistern zu.

Die vier Kaninchenkinder toben lachend über die Wiese am Waldrand, und ihr großer Bruder Rempel ist Nini schon dicht auf den Fersen. Aber sie legt noch einen Zahn zu und schlägt dann blitzschnell einen Haken. Dadurch kann sie Rempel abhängen und erreicht als Erste den kleinen Hügel.

»Nini, du bist schon wieder die Siegerin«, verkündet Nickel anerkennend. Nini ist zwar die Kleinste, aber sie kann schneller rennen als alle anderen.

»Na los, nächste Runde«, ruft Rempel und will schon lossprinten, da unterbricht ihn Pebbel, die Älteste. »Lasst uns doch mal etwas anderes machen als immer nur Wettlaufen«, schlägt sie vor. Und mit gesenkter Stimme fährt sie fort: »Ich

hätte Lust, in dem unheimlichen Bau im Wald Verstecken zu spielen!«

Rempel, Nickel und Nini ziehen hörbar die Luft ein. Der unheimliche Bau ist ein Ort, vor dem fast alle Kaninchen Angst haben. Es geht die Geschichte herum, dass vor langer Zeit ein Riesenkaninchen diese Höhle gebuddelt hat und noch immer tief im Innern haust. Nini hat bisher immer einen großen Bogen darum gemacht. Viel zu gruselig!

Auch jetzt würde sie lieber weiter auf der Wiese spielen, aber ihre Geschwister hoppeln bereits Richtung Wald. Nini folgt ihnen zögernd.

Am Höhleneingang angekommen, blicken die Kaninchenkinder sich neugierig um. Auf dem sandigen Waldboden entdecken sie Pfotenspuren. Nini fragt sich, wer die wohl hier hinterlassen hat.

»Also los!«, ruft Pebbel. »Wer als Letztes noch hier draußen hockt, muss die anderen suchen!« Und mit diesen Worten verschwindet sie in dem Loch.

Rempel und Nickel laufen hinterher, und ehe sie sich versieht, ist Nini allein vor der Höhle. Sie nimmt all ihren Mut zusammen und hoppelt hinein.

Der Tunnel ist dunkel und sehr groß. Außerdem riecht es eigenartig – nach Moos und kühler Erde, aber auch noch nach etwas anderem. Nini schnuppert interessiert und nimmt den Duft eines Tieres wahr. Seltsam! Das ist kein Kaninchengeruch, da ist sie sich ziemlich sicher. Ob Riesenkaninchen anders riechen als normale Kaninchen?

Hinter der ersten Biegung prallt sie auf etwas Weiches, Warmes. Was war das?

Ach, es ist nur Nickel! »Ich hab mich nicht weiter reingetraut«, gibt er kleinlaut zu. Dann läuft er schnell zurück ins Freie, um draußen auf die anderen zu warten.

Tapfer dringt Nini weiter in das unterirdische Labyrinth vor. Nach ein paar Metern gabelt sich der Weg, und sie muss sich entscheiden, welchen der beiden Gänge sie nehmen will. Sie lauscht und schnuppert, um herauszufinden, wo sich ihre Geschwister versteckt haben könnten. Schließlich entscheidet sie sich für den rechten Gang und gelangt in eine kleine Höhle. Die ist mit Laub und Moos ausgepolstert und wirkt eigentlich ganz gemütlich. Nini hat das Gefühl, nicht allein hier zu sein. Ein vertrauter Geruch steigt ihr in die Nase, und dann entdeckt sie auch schon Rempel hinter einem Erdhaufen.

»Du hast mich gefunden!«, ruft ihr Bruder erleichtert und verschwindet in die Richtung, aus der sie gekommen sind. Er ist offenbar froh, dass das Spiel für ihn zu Ende ist.

Jetzt fehlt nur noch Pebbel!

Im hinteren Teil der Höhle führt ein Tunnel noch weiter in den Bau hinein. Es geht um mehrere Kurven, manchmal leicht bergauf, dann wieder weiter hinunter.

»Pebbel?«, ruft Nini. »Pebbel, wo bist du?« Aber niemand antwortet.

Plötzlich hört Nini seltsame Geräusche, eine Art Schnaufen und Scharren. Ob das das Riesenkaninchen ist? Am liebsten würde sie umkehren, aber dann denkt sie an Pebbel. Sie muss ihre Schwester finden!

Stück für Stück hoppelt Nini weiter, bis sie eine große Höhle erreicht. An der Decke befindet sich ein schmaler Lüftungsschacht nach oben, durch den ein wenig Licht hereinfällt.

Mit klopfendem Herzen bleibt Nini stehen und lauscht angestrengt. Da! Da ist schon wieder dieses merkwürdige Schnaufen. Und im hinteren Teil der Höhle scheint sich jemand zu bewegen – jemand sehr Großes!

Jetzt taucht im Lichtkegel des Lüftungsschachtes eine Schnauze auf. Die Schnauze gehört zu einem weiß-schwarzgestreiften Gesicht, das Nini freundlich ansieht. »Du bist ja gar kein Riesenkaninchen«, flüstert sie, »du bist ein Dachs!«

»Und du bist ein sehr kluges Kaninchen«, antwortet der Dachs, »und ein mutiges noch dazu! Ich heiße übrigens Beppo. Und du?«

»Nini«, antwortet Nini und starrt den Dachs voller Verwunderung an. »Dann … dann gibt es gar kein Riesenkaninchen?«, fragt sie vorsichtig.

»Nein, das ist nur ein Märchen«, schmunzelt der Dachs. »Oder sehe ICH etwa aus wie ein Kaninchen?«

Nini lacht und schüttelte den Kopf.

Dann erzählt sie Beppo, dass sie mit ihren Geschwistern in seinem Bau Verstecken gespielt hat, und entschuldigt sich für die Störung.

»Ach, Papperlapapp«, erwidert Beppo gutmütig, »ich bekomme gern Besuch.« Und er fährt fort: »Deine Schwester hat sich übrigens nicht ganz bis hier herunter getraut. Sie hat etwas weiter oben einen Seitenausgang genommen.«

Nini staunt. Woher weiß Beppo das alles?

Der Dachs scheint ihre Gedanken zu erraten und erklärt: »Ich kann zwar nicht besonders gut sehen, aber hören tue ich ausgezeichnet.«

Beppo verrät ihr eine geheime Abkürzung an die Oberfläche, damit sie nicht den ganzen langen Weg zurücklaufen muss. »Besuch mich doch mal wieder, Nini«, sagt er zum Abschied, »dann denken wir uns gemeinsam Geschichten über das Riesenkaninchen aus!«

Diese Idee findet Nini toll. Sie winkt Beppo noch einmal zu, bevor sie sich auf den Weg nach oben zu ihren Geschwistern macht. Mann, werden die Ohren machen!

Waldwissen: Dachsbaue

Dachse haben große unterirdische Höhlensysteme, an denen sie ständig weiterbauen. Dadurch verzweigen sich die Bauten immer mehr – manchmal über Hunderte von Metern. Es gibt mehrere Eingänge an verschiedenen Seiten.

Im Innern sind die einzelnen Höhlen durch Tunnel miteinander verbunden.

Seine Wohnkessel polstert der Dachs mit Moos und Laub aus, denn er mag es gerne weich.

Oft wohnen mehrere Dachsfamilien gleichzeitig in einem Bau, und auch andere Tiere ziehen gelegentlich zur Untermiete ein, zum Beispiel Füchse und Kaninchen.

Der Dachs ist ein sehr reinliches Tier, das seinen Bau sauber hält.

Altes Nistmaterial zieht er mit seinen kräftigen Grabklauen heraus, ebenso wie Erde und Sand, wenn er seine Behausung erweitert. Dadurch entsteht vor dem Bau eine sogenannte Dachsrinne.

Auf Toilette geht der Dachs immer außerhalb seines Baus. Tagsüber ruht er in seiner Höhle. In der Dämmerung verlässt er sie, um auf Nahrungssuche zu gehen.

Lillis Schiff

»Erste«, schreit Fine, und klatscht ihre Hand an den Baumstamm. Gleich darauf schlägt Lilli an der Buche ab, und Sekunden später ist auch Ruben am Ziel angelangt. »Das war knapp«, japst er außer Atem. Die drei Freunde haben sich ein wildes Wettrennen im Wald geliefert.

Ruben legt den Kopf in den Nacken und schaut zur Baumkrone hinauf. »Okay, neues Spiel, neues Glück«, sagt er herausfordernd. »Wer als Erster oben ist, hat gewonnen!«

Schwungvoll zieht er sich mit beiden Händen an einem Ast hoch und kraxelt dabei mit den Füßen den Stamm empor.

Fine lässt sich nicht lange bitten und beginnt ebenfalls, den Baum hochzuklettern.

Lilli beobachtet ihre Freunde stirnrunzelnd. Woher wissen die nur immer so genau, wo sie ihre Füße hinsetzen müssen? Bei denen sieht es ganz leicht aus. Sie selbst dagegen mag nicht gern klettern. Wenn sie keinen festen Boden unter den Füßen hat, fühlt sie sich nicht wohl.

»Lilli, worauf wartest du?«, ruft Fine vom Baum herunter. »Komm hoch!«

»Nein danke, ich habe keine Lust«, antwortet Lilli. Sie versucht, ganz lässig zu klingen. Die anderen sollen nicht merken, wie sehr sie sich ärgert.

Sie ärgert sich darüber, dass sie nicht mutiger ist. Dass sie sich nicht auch traut, einfach drauflos zu klettern, genau wie Ruben und Fine. Sie ärgert sich aber auch über die beiden. Immer müssen sie auf Bäumen herumturnen. Bestimmt haben sie längst gemerkt, dass Lilli das nicht gerne macht, aber sie tun es trotzdem andauernd. Und Lilli ist dann immer ausgeschlossen.

Vor lauter Wut wird ihr ganz heiß. Sie zieht ihre Jacke aus und schmeißt sie auf den Waldboden. Einen Augenblick später hebt sie sie wieder auf. Sie möchte nicht, dass Ameisen oder Käfer hineinkrabbeln. Lilli hängt die Jacke über die dünnen Äste eines kleinen Baumes. Wie sie da hängt sieht sie fast aus wie das Segel eines Schiffes. »Ja, ein Schiff«, denkt Lilli, »das wär's jetzt!« Am liebsten würde sie ganz weit wegsegeln, auf eine einsame Insel, auf der es keine Bäume gibt. Und auch sonst nichts, wo man draufklettern könnte.

Lilli beginnt, um den Segelbaum herum Stöcke auf den Boden zu legen, in der Form eines Bootes. Etwa einen Meter vor dem Baum mit der Jacke lässt sie die Zweige schräg zusammenlaufen. »Die Spitze des Schiffes«, murmelt sie leise. Nachdem Lilli den gesamten Umriss fertig hat, kommt ihr eine gute Idee. Schnell läuft sie ein Stück ins Unterholz und sucht sich passende Äste. Sie weiß genau was sie braucht: dicke, aber nicht allzu lange Zweige. Wenig später ist sie mit einem ganzen Arm voll davon zurück an ihrem Boot. Sie drückt die Äste schräg in den Boden, drei an jeder Seite des Schiffes, einen an der Spitze und einen am Ende. Ja, das ist gut! Jetzt kann sie den Rand des Bootes in die Höhe bauen:

Sie legt einfach weitere Schichten mit Stöcken auf die unteren. Die Äste, die im Boden stecken, sorgen dafür, dass die Zweige nicht herunterrutschen.

»Wow, das ist ja cool«, hört sie plötzlich Fine neben sich.

Lilli schreckt hoch. Sie war so vertieft in ihre Arbeit, dass sie gar nicht gemerkt hat, wie ihre Freunde vom Kletterbaum heruntergestiegen sind. Staunend betrachten die beiden Lillis Werk.

»Dürfen wir mitbauen?«, fragt Ruben. »Klar!«, strahlt Lilli.

Zu dritt kommen sie schnell voran, und bald gehen ihnen die Schiffswände schon bis zu den Knien.

»Hey, ich hab eine Idee«, ruft Fine plötzlich. »Wollen wir die Spitze noch mal abbauen und das Schiff länger machen, bis zu dem Kletterbaum hin? Dann könnte das der Ausguck sein!«

Lilli und Ruben sind einverstanden, und es dauert gar nicht lange, bis sie das Boot bis zum Kletterbaum hin erweitert haben.

Späherin Fine nimmt ihren Posten oben im Baum ein. Ruben ist der Steuermann, der sich direkt an einem unsichtbaren Steuerrad zu schaffen macht. Kapitänin Lilli geht mit großen Schritten an Deck hin und her und überprüft alles.

»Wie ist die Lage da oben?«, ruft sie zu Fine hinauf.

»Käpt'n, wir haben ein Problem«, schreit Fine herunter, »es sieht so aus, als würde ein Sturm aufziehen!«

Oh ja, den spüren Lilli und Ruben unten auch. Ruben dreht das Steuerrad wild hin und her, und Lilli muss sich an der Reling festhalten, um nicht über Bord zu gehen.

»Halte den Kurs!«, befiehlt Lilli ihrem Steuermann. Sie selbst läuft gebückt bei Windstärke 11 zum Mast und bezieht dort Position. »Hoffentlich hält das Segel dem Sturm stand«, murmelt sie besorgt. Im nächsten Augenblick peitscht der Wind aufgeschäumtes Wasser an Deck. »Festhalten«, schreit sie ihrer Mannschaft zu. Tapfer und mutig trotzen die drei dem Unwetter und klammern sich an Steuerrad, Mast und Ausguck-Baum fest. Nach einigen Minuten ist der Spuk vorbei.

»Land in Sicht!«, ruft Fine von oben. »Der Sturm lässt nach, und wir fahren auf eine kleine Insel zu!«

Erleichtert atmen Ruben und Lilli auf und lassen sich auf den Boden sinken.

»Hey, Käpt'n«, sagt Ruben, »kannst du mal kurz das Steuer übernehmen? Dann bereite ich uns eine kleine Schiffsmahlzeit zu!«

Er legt drei flache Rindenstücke bereit und kramt aus seinem Rucksack eine Kekspackung hervor. Auf jeden Rindenteller kommt ein Plätzchen.

Lilli dreht währenddessen das Steuerrad. »Irgendwann will ich auch mal in den Ausguck klettern«, sagt sie zu Ruben.

»Kann ich dann der Käpt'n sein?«, fragt er sofort.

»Klar«, antwortet Lilli.

Eine Weile schippern sie schweigend vor sich hin. Dann schlägt Ruben vor: »Ich kann dir gerne demnächst mal zeigen, wie du am besten auf den Baum heraufkommst. Es gibt ein paar Tricks, und mit denen ist es gar nicht mehr so schwer, wie man am Anfang denkt.«

Lilli schaut ihn überrascht an. »Fandest du es denn früher auch mal schwer?«

»Na, was denkst du denn?«, fragt Ruben. »Ich hatte tierisch Bammel! Erst als mein großer Bruder es mir beigebracht hat, wurde es besser.«

Lilli schaut hinaus aufs Meer und fühlt sich leicht wie eine Feder.

Plötzlich hören sie es im Ausguck-Baum kraxeln, und einen Augenblick später landet Fine mit einem Sprung an Deck. »Kekse in Sicht«, ruft sie begeistert und zeigt auf die Mahlzeit, die Ruben für sie vorbereitet hat.

»Kameraden, jetzt wird gespachtelt«, befiehlt Lilli ihrer Mannschaft. »Aber wer krümelt, muss anschließend das Deck schrubben!«

»Aye, Aye, Käpt'n!« rufen Ruben und Fine im Chor. Und alle müssen lachen.

Waldaktion: Baumklettern

Breite Laubbäume mit festen, niedrig hängenden Ästen sind fürs Klettern besonders gut geeignet.

Bevor du dich an einem Ast hochziehst, prüfe zunächst kurz die Stabilität.

Die Füße kannst du gut in Astgabeln setzen.

Mach beim Klettern immer wieder kleine Pausen. Wenn du dich gut fühlst, kann es weitergehen.

Schau zwischendurch auch ruhig des Öfteren nach unten.

Meistens ist es leichter, auf den Baum hinaufzuklettern, als wieder herunter. Deswegen klettere am Anfang nicht sofort so hoch, wie du dich traust, sondern probe schon früh den Rückweg. Wenn der gut klappt, kannst du dich weiter hinaufwagen. Wichtigste Regel: Immer gut festhalten!

Baumklettern kann wunderbar sein, und du wirst mit einem tollen Ausblick aus einem ganz neuen Blickwinkel belohnt. Du kannst dich auch mal bäuchlings auf einen dicken Ast legen und entspannt Arme und Beine baumeln lassen.

Die Wahrheit über Wiesenfeen

So schnell ihn seine breiten Füße tragen, rennt der Wichteljunge Matti den schmalen Pfad entlang, der durch den Wald zum Bach führt. Wie jeden Tag ist er dort mit seinem Freund Nils zum Spielen verabredet.

Der ist schon da und erwartet Matti ungeduldig. »Ich hab ein paar Steine gesammelt«, ruft er ihm entgegen, »die können wir ins Wasser werfen!«

Die beiden legen sich bäuchlings auf den Waldboden und schauen die Uferböschung hinunter. Steil und tief geht es da hinab. Die Wichtel beginnen, einige Kiesel nach unten zu schmeißen. Mit einem leisen »Plitsch« tauchen diese in den Bach. Je größer die Steine sind, desto lauter sind die Geräusche, die sie erzeugen. Matti und Nils lauschen gebannt.

Plötzlich hören sie Stimmen und sanftes Gelächter, das vom anderen Ufer zu ihnen hinüberdringt. Dort spielen auf einer großen Blumenwiese drei Feenmädchen. Kichernd schwirren sie über das Gras und machen offenbar Jagd auf eine umherschwebende Feder.

»Mann, bin ich froh dass ich ein Waldwichtel bin und keine Wiesenfee«, sagt Nils zu Matti. »Stell dir mal vor: Dauernd nur sachte durch die Luft tänzeln, sich bloß niemals dreckig machen, immer schön darauf achten, dass die hübschen Kleider nicht kaputtgehen …«

»Aber dass sie fliegen können, ist irgendwie toll«, erwidert Matti und beobachtet fasziniert, wie die Feen in der Luft Saltos machen, um die Feder zu erwischen.

Nils beginnt jetzt, größere Steine in den Bach zu werfen. Herrlich platschen die ins Wasser, und dabei entstehen schöne Kreise. Dann wollen die beiden Wichtel etwas richtig Großes hinunterschmeißen. Mit vereinten Kräften rollen sie einen Felsbrocken heran und stoßen ihn über die Böschung. Langsam kullert er abwärts und hinterlässt dabei eine breite, kurvige Rille im Lehm. Unten gibt es einen Riesenplatscher, und das Wasser spritzt bis zu ihnen hoch.

»Guck mal, der Felsbrocken hat eine Rutschbahn in den Abhang gemacht«, ruft Matti. Die müssen sie natürlich sofort ausprobieren. Matti setzt sich in die Rille und Nils kauert sich dicht hinter ihn. Seine Beine streckt er links und rechts an Matti vorbei. Dann stoßen sie sich ab und rutschen los. Huuuiii! Der Matsch spritzt nur so zu beiden Seiten, sie gleiten juchzend durch die Kurven und purzeln unten lachend in den Bach. Gut, dass das Wasser hier im Uferbereich ganz flach ist, denn wie die meisten Waldwichtel können Nils und Matti nicht schwimmen. Sofort klettern sie die Böschung wieder hoch und rutschen noch einmal. Und dann noch einmal und noch einmal. Nach kürzester Zeit sind beide über und über mit Matsch besudelt und pitschnass.

Matti schaut an sich herunter und klopft sich Hemd und Hose ab, sodass die Schlammbrocken in alle Richtungen fliegen. »Wie wir aussehen«, sagt er lachend. »Ich glaube, diese Klamotten müssen heute Abend dringend in die Wäsche.«

»Wäsche!«, ruft Nils und klatscht sich mit der flachen Hand an die Stirn. »Das hab ich ja völlig vergessen. Ich muss längst nach Hause. Bei uns ist heute Waschtag, und ich hab versprochen zu helfen.«

Eilig stürmt er davon.

»Bis morgen«, ruft Matti seinem Freund hinterher. Nils guckt im Laufen noch einmal über seine Schulter und winkt. Dann ist er nicht mehr zu sehen.

Als Matti sich zurück zum Bach dreht, bemerkt er am gegenüberliegenden Ufer die Wiesenfeen, die ihn neugierig beobachten.

»Hallo Wichtel«, ruft die eine freundlich zu ihm herüber.

»Guten Tag«, antwortet Matti unsicher. Er hat noch nie vorher mit Wiesenfeen geredet.

»Toll, was ihr da gebaut habt«, sagt die zweite Fee anerkennend. »Ich heiße übrigens Primel, und das hier sind Delia und Rosalie. Dürfen wir vielleicht rüberkommen und die Rutschbahn auch mal benutzen?«

Matti betrachtet die drei. Die eine trägt ein rosa Kleidchen, die zweite ein hellblaues und die dritte ein gelbes. Alles an ihnen wirkt zart und duftig und sauber.

»Besser nicht«, antwortet Matti, »die Bahn ist nur für Wichtel geeignet.«

Die Feen wirken enttäuscht. »Ach, schade«, sagt Primel, dreht sich um und fliegt zurück auf die Wiese. Rosalie und Delia folgen ihr. Irgendwie hat Matti das Gefühl, dass das gerade nicht gut gelaufen ist. Hätte er den Feen doch erlauben sollen zu rutschen? Na ja, jetzt ist es zu spät …

Er beschließt, noch ein letztes Mal zu rutschen und dann auch nach Hause zu gehen. Diesmal will er mit Anlauf herunterdüsen. Er geht einige Meter rückwärts und sprintet dann wie der Blitz auf die Bahn zu. Mit einem großen Satz springt er ab, landet in der Rille und braust augenblicklich in einem irren Tempo herunter. Weil er so viel Schwung hat, purzelt er unten nicht einfach ins flache Ufergewässer, sondern fliegt im hohen Bogen mitten in den Bach hinein. Er strampelt mit den Beinen, aber seine Füße finden den Boden nicht. Das Wasser ist zu tief, er kann hier nicht stehen! Wild paddelt Matti mit den Armen und bekommt schließlich eine Baumwurzel zu fassen, die vom Ufer aus über den Bach ragt. Da hängt er nun. Festhalten kann er sich, aber es gelingt ihm nicht, sich an der Wurzel nach oben zu ziehen. Gerade will er um Hilfe rufen, da spürt er, wie ihm jemand unter die Arme greift.

»Keine Panik, wir haben dich!«, ruft eine helle Stimme. Die Feen! Delia ist auf seiner rechten Seite und Primel auf der linken. Mit vereinten Kräften zerren sie ihn Stück für Stück in die Höhe. Rosalie schiebt von unten Mattis Po. Schließlich haben sie es geschafft. Erschöpft lassen sich alle vier ins warme Laub fallen.

»Danke,« bringt Matti hervor, »ihr habt mich gerettet!«

»Gern geschehen«, keuchen die Feen. Ihre Gesichter sind hochrot und verschwitzt, die Haare wild zerzaust, die Kleider über und über mit Matsch beschmiert.

»Oh nein«, ruft Matti, »meinetwegen seid ihr total besudelt!«

Die Feen schauen an sich herunter und lachen. »Ach das«, sagt Rosalie, »das haben wir gleich!« Alle drei kramen in den Taschen ihrer Kleider und bringen ein seltsam glitzerndes Pulver zum Vorschein. Das werfen sie in die Luft und lassen es auf sich herabrieseln. Augenblicklich sind ihre Haare wieder ordentlich, und die Kleider sehen so sauber aus wie eh und je.

»Feenstaub!«, erklärt Primel lächelnd. »Funktioniert leider nur bei Feen, sonst würden wir dir auch welches anbieten!«

»Ach DESHALB seht ihr immer so picobello aus«, entfährt es Matti.

»Na klar«, lacht Delia. »Dachtest du etwa, nur weil wir Wiesenfeen sind, spielen wir nie im Wald und machen uns schmutzig?«

Diese Vorstellung scheint die drei Feen sehr zu amüsieren.

»Na, wenn das so ist, könnt ihr ja doch mit mir rutschen«, schlägt Matti vor. Das lassen die Feen sich natürlich nicht zweimal sagen. In Nullkommanix sind sie an der Bahn und legen direkt los. Matti merkt sofort, dass sie sehr mutig und abenteuerlustig sind: Sie rutschen rückwärts, seitwärts und im Liegen, zu zweit, zu dritt und mit Matti zusammen als Vierer-Kolonne. Es macht einen Riesenspaß, und ihr vergnügtes Quietschen hallt durch den ganzen Wald.

»Habt ihr morgen wieder Zeit?«, fragt Matti am Abend, als sie sich verabschieden. »Da bin ich mit meinem Freund Nils hier verabredet, und ich wette, er würde euch gern kennenlernen!«

Die Feen stimmen begeistert zu.

»Dann bis morgen«, ruft Matti und macht sich fröhlich auf den Heimweg. Mann, wird Nils Augen machen, wenn er merkt, wie Feen wirklich sind!

Spielidee: Wichteldorf im Wald aufbauen

Baue doch, wenn du das nächste Mal im Wald bist, ein kleines Wichteldorf auf.
Suche dir zunächst eine gute Stelle für dein Dorf aus, zum Beispiel an einer großen Baumwurzel. Die Häuser der Wichtel könntest du aus Steinen oder Stöcken zusammenlegen, ein Stück Rinde darüber ist das Dach. Vielleicht haben die Wichtel ja einen Brunnen in ihrem Dorf oder einen Fußballplatz oder eine Wichtelschule … Möglicherweise gibt es auch Ställe und eingezäunte Weiden für die Tiere der Wichtel … bau einfach, worauf du Lust hast. Achte darauf, dass du nur Material verwendest, was du im Wald findest, also Moos, Blätter, Zapfen, Stöcke …
Die Wichtel selbst könnten kleine Holzstückchen sein oder Eicheln, oder Steine … Vielleicht kommen ja sogar noch ein paar Wiesenfeen zu Besuch.

Viel Spaß mit deinem Wichteldorf!

Die Wald-Detektive

Wütend reißt Jan seine Jacke vom Garderobenhaken im Kita-Flur. Heute ist der erste Tag, an dem für ihn und die anderen Vorschulkinder die AGs stattfinden. Das sind Kleingruppen, in denen die Kinder bestimmte Themen genau unter die Lupe nehmen. Zur Auswahl standen Detektive, Dinosaurier, Feuerwehr und Wald. Jan wollte unbedingt in die Detektiv-Gruppe, weil er später mal Geheimpolizist werden möchte.

Aber Sofie, Ali und Maliya waren mal wieder schneller und haben sofort die Arme hochgerissen, als die Erzieherinnen die Kinder eingeteilt haben. Und weil die einzelnen Gruppen nicht zu groß werden dürfen, muss Jan jetzt in der Wald-AG mitmachen. Wald! Jan hat überhaupt keine Lust darauf.

Er ist immer noch sauer, als er mit Kiano, Marlene und Simone durchs Gehölz stapft. Simone ist die Erzieherin, die die Wald-Gruppe leitet. Sie sieht immer mal wieder zu Jan hin. Während Marlene und Kiano gut gelaunt und plappernd vorneweg gehen, hat Jan die Fäuste in seinen Jackentaschen geballt und tritt gegen jeden Stock, der auf dem Weg liegt.

»Was ist los, Jan?«, fragt Simone nach ein paar Minuten. »Du hast dich doch eigentlich sehr auf die Vorschul-Projekte gefreut, oder?«

»Ja, schon«, sagt Jan grimmig. »Aber da dachte ich ja auch, dass ich in der Detektiv-Gruppe mitmachen könnte. In die blöde Wald-AG wollte ich überhaupt nicht rein!«

Eine Weile laufen sie schweigend nebeneinander her. Dann sagt Simone auf einmal: »Wusstest du eigentlich, dass man im Wald ein super Detektiv sein kann?« Jan schnaubt verächtlich. Das sagt Simone doch jetzt nur, um ihn aufzuheitern. Wald und Detektivarbeit – das passt überhaupt nicht zusammen!

Das sieht Simone anders. »Was findest du toll am Detektiv-Beruf?«, fragt sie. Zögernd zählt Jan auf: »Na ja, dass man ermitteln muss, dass man Beweise sammelt, dass es Tatverdächtige gibt, dass man herausfinden muss, wer etwas gemacht hat …«

»Und genau das werden wir jetzt tun«, verkündet Simone. »Hey, Marlene und Kiano«, ruft sie nach vorne. »Ab jetzt ist das hier nicht mehr die Wald-AG, sondern die Wald-*Detektiv*-AG! Und ihr drei habt den Auftrag, nach Beweisstücken zu suchen. Bringt alles her, was euch verdächtig vorkommt.«

Die Kinder laufen los. Kiano findet als Erster etwas und hält es in die Höhe. »Das ist doch kein Beweisstück«, sagt Jan. »Das ist einfach nur ein Kiefernzapfen!«

Simone zieht die Augenbrauen hoch. »Bist du dir da ganz sicher?«, fragt sie geheimnisvoll. »Schaut doch mal, ob ihr noch mehr Zapfen findet, dann können wir sie miteinander vergleichen.«

Marlene und Kiano machen sich sofort ans Werk. Widerstrebend sucht auch Jan den Boden ab und findet tatsächlich eine ganze Menge Zapfen.

Er sammelt so viele ein, wie er tragen kann, und breitet sie vor Simone aus, die es sich auf einem umgestürzten Baumstamm bequem gemacht hat. Kiano und Marlene legen ihre Fundstücke dazu.

»Fällt euch etwas auf?«, fragt Simone.

»An manchen Zapfen hat jemand herumgeknabbert«, stellt Kiano fest.

»Aber die sehen alle ganz unterschiedlich aus!«, wundert sich Jan.

»Aha!«, sagt Simone. »Gut beobachtet! Und jetzt verrate ich euch einmal etwas! An der Art, wie sie abgefressen sind, kann man erkennen, welches Tier das war!« Sie nimmt einen ganz ausgefaserten Zapfen in die Hand und erklärt: »Von diesem Exemplar hier sind die Schuppen abgerissen worden. Das war ein Eichhörnchen.« Dann hält sie einen anderen Zapfen in die Höhe. »Der Täter hier ist viel ordentlicher

vorgegangen und hat alles ganz sauber von oben bis unten abgeknabbert. Wollt ihr mal raten, wer das war?«

Marlene legt den Kopf schief. »Kleiner oder größer als ein Eichhörnchen?«, fragt sie.

Simone grinst. »Kleiner!«

»Eine Maus!«, ruft Jan. Diesen Verdacht hatte er nämlich schon vorher.

Simone reckt den Daumen in die Höhe. Die Antwort ist richtig!

»Kannst du mit deinem Handy Beweisfotos von den Zapfen machen?«, bittet Kiano. »Vielleicht können wir die in der Kita ausdrucken und in eine Mappe heften.«

»Das ist eine gute Idee«, findet Simone. »Wir legen einen richtigen Aktenordner an mit den Ergebnissen unserer Nachforschungen.«

Sie knipst Bilder von den verschiedenen Beweisstücken, und Jan hat plötzlich das Gefühl, dass man doch ganz gut Detektiv im Wald sein kann.

»Kommt, wir ermitteln weiter«, drängt er, und sie laufen wieder los.

Nach ein paar Minuten entdeckt Marlene links vor ihnen etwas Auffälliges. Der Boden sieht aufgewühlt aus, richtig umgepflügt.

»Ein Tatort!«, stellt Jan fachmännisch fest.

Simone grinst ihn an. »Und? Habt ihr einen Verdacht, wer es gewesen sein könnte?«

Die Kinder untersuchen den Boden. Er ist von Furchen durchzogen, an vielen Stellen ist die Moosschicht aufgebrochen worden und kleine Dämme aus Erde sind entstanden.

»Hier hat jemand nach etwas gesucht, das im Boden versteckt war«, vermutet Kiano.

»Bestimmt nach etwas zu Fressen!«, ruft Jan aufgeregt.

»Gut kombiniert, Detektive«, lobt Simone. »Was findet man denn im Boden?«

»Regenwürmer?«, fragt Marlene.

»Wurzeln?«, rät Kiano.

»Insekten!«, schlägt Jan vor.

»Ihr habt alle drei Recht«, erwidert Simone. »Und alles, was ihr gerade aufgezählt habt, fressen Wildschweine besonders gerne!«

»Also waren hier Wildschweine am Werk!«, stellt Jan fest.

Simone klatscht in die Hände. »Fall gelöst! Ihr seid wirklich scharfsinnig«, lobt sie ihre Mannschaft.

»Woher weißt DU eigentlich so viel über den Wald?«, fragt Kiano Simone.

»Mein Vater ist Förster«, erzählt sie. »Schon als ich ein ganz kleines Mädchen war, hat er mich immer mitgenommen und mir viel erklärt und gezeigt.«

Simones Wissen ist für die Arbeit der Wald-Detektive natürlich Gold wert.

Das tollste Fundstück entdecken sie ganz am Ende ihrer Waldtour. Am Wegesrand liegt ein gefällter Baumstamm, und Simone fordert sie auf, ihn sich einmal genauer anzuschauen. An einer Stelle im Stamm fehlt ein Stück Rinde, und im Holz darunter ist eine super-rätselhafte Geheimschrift eingearbeitet. Ein bisschen sieht es aus wie Zeichen aus längst vergangenen Zeiten!

»Hier hat jemand etwas eingeritzt«, flüstert Kiano.

»Stimmt«, lächelt Simone, »aber mit seinem ganzen Körper!«

»Ein Käfer vielleicht?«, vermutet Marlene.

»Ganz genau, das waren Borkenkäfer«, erklärt Simone. »Die Borkenkäfer-Mama bohrt diesen breiten Mittelgang und legt darin ihre Eier ab. Daraus schlüpfen dann die Larven, und die fressen die seitlichen Gänge in den Baum. Irgendwann werden dann aus den Larven auch Borkenkäfer.«

Jan staunt, dass ein kleiner Käfer so ein tolles Muster machen kann. Er beschließt, beim nächsten AG-Tag seine Lupe mit in den Wald zu nehmen, um alles noch genauer untersuchen zu können.

Als sein Vater ihn von der Kita abholt, erzählt Jan sofort, dass er jetzt in der Vorschul-Waldgruppe ist.

»Aber wolltest du nicht eigentlich in die Detektiv-Gruppe?«, wundert sich Papa.

»Ach Papa, vergiss die Detektive!«, sagt Jan. »Wir sind WALD-Detektive – das ist noch viel besser!«

Waldrätsel: Spuren-Quiz

Die Fußabdrücke von Tieren nennt man Trittsiegel. Am besten zeichnen sie sich in weichem oder sandigem Boden ab oder im Schnee.

Jetzt ist deine detektivische Spürnase gefragt! Von den vier Trittsiegeln, die du rechts siehst, stammt eins von einem Eichhörnchen, eins von einem Reh, eins von einer Waldmaus und eins von einem Wildschwein.

Kannst du erraten, welche Spur zu welchem Tier gehört?

Die Lösungen findest du umgedreht ganz unten auf der nächsten Seite.

1.

3.

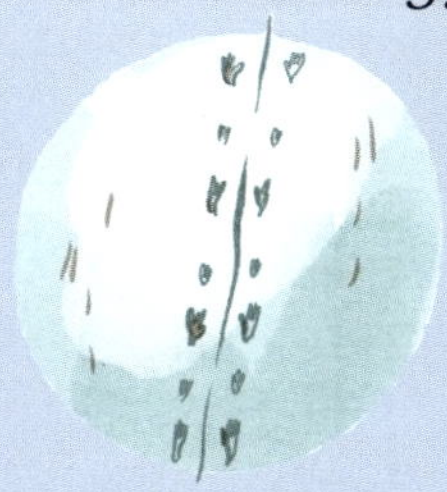

2.

4.

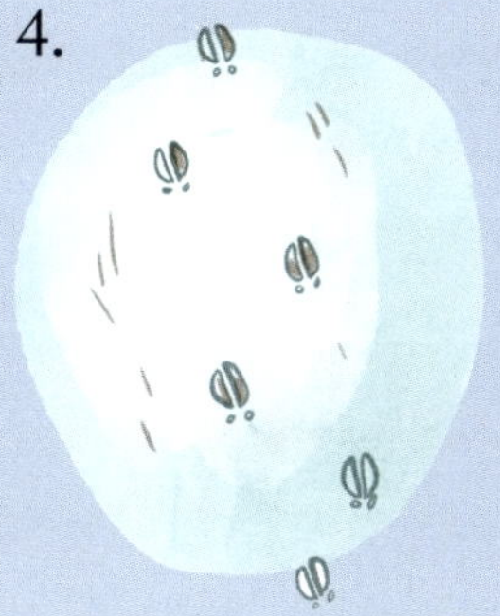

1. Trittsiegel vom Wildschwein
2. Trittsiegel vom Eichhörnchen
3. Trittsiegel von der Waldmaus
4. Trittsiegel vom Reh

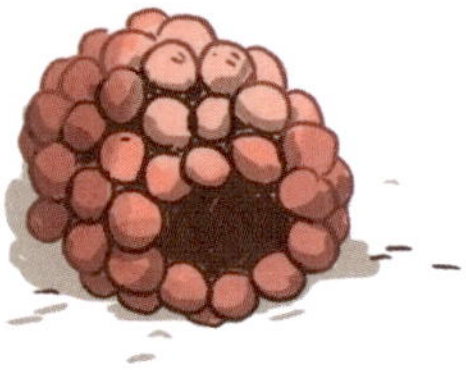

Rettet Rehbekka!

»Meine Güte, schmecken die gut«, schwärmt Feldmausmädchen Fiona schmatzend, nachdem sie sich eine rote Waldbeere in den Mund gestopft hat. Sie liegt mit ihrem Bruder Flori gemütlich auf dem Waldboden. Neben sich haben sie einen riesigen Berg saftiger Früchte aufgetürmt. »Du sagst es«, pflichtet Flori ihr bei, wirft eine Beere in die Höhe und fängt sie mit seinem Mund auf.

»Hilfe!«, hören sie da auf einmal einen gellenden Schrei vom Rande des Waldes. Sofort setzen die beiden Mäuse sich kerzengerade hin und schauen sich um. Durch die Bäume kommt Holly, das Reh, aufgeregt auf sie zu galoppiert.

»Hilfe«, ruft Holly noch einmal, »meine kleine Tochter Rehbekka ist einen Abgrund heruntergestürzt. Jemand muss sie retten!«

Flink sind Fiona und Flori auf den Beinen und folgen Holly. Sie haben Mühe, mit ihr mitzuhalten, so schnell prescht die Rehmutter voran. In großen Sprüngen hastet sie durch den Wald und macht schließlich an einem Abhang eine Vollbremsung. Ungeduldig schaut sie sich nach den Mäusen um, die ihr keuchend hinterhereilen.

»Da unten ist sie«, jammert Holly.

Vorsichtig nähern sich Fiona und Flori dem Abgrund und schauen hinunter.

Ziemlich steil geht es dort in die Tiefe.

»Da! Ich sehe Rehbekka«, ruft Fiona aufgeregt.

Das Rehkitz ist zum Glück nicht bis ganz nach unten in die Schlucht gefallen, sondern steht mit zitternden Beinen auf einem Felsvorsprung ein Stückchen unterhalb von ihnen.

Mit großen, angstvollen Augen schaut es zu ihnen hinauf.

»Keine Sorge, Kleine, wir holen dich wieder hoch«, ruft Flori Rehbekka zu.

»Aber wie wollt ihr das machen?«, fragt Holly verzweifelt. »Ihr seid doch viel zu klein!«

»Wir holen Hilfe«, verspricht Fiona, und ohne ein weiteres Wort flitzen die beiden Mäuse in verschiedene Richtungen davon.

Kurze Zeit später sind sie zurück und haben als Verstärkung Daniel Dachs und Erna Eule mitgebracht.

Fieberhaft überlegen die Tiere, wie sie Rehbekka helfen können.

Der Abhang ist so steil, dass es unmöglich ist, hinunterzuklettern.

»Ich fliege einfach zu ihr«, schlägt Erna Eule vor.

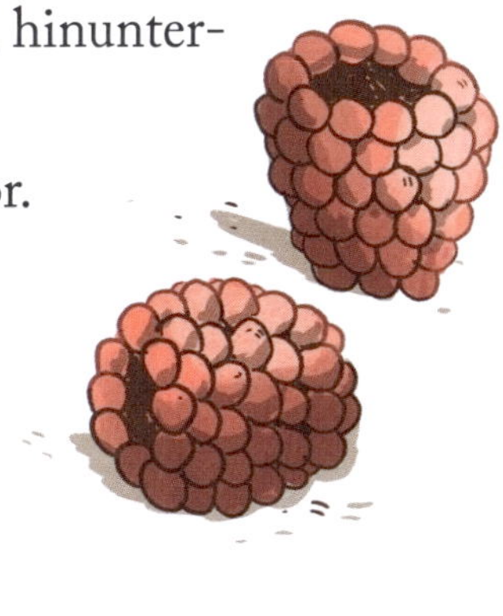

»Das bringt nicht viel«, gibt Flori zu Bedenken, »denn wie willst du sie von dort aus allein nach oben bekommen?«

Eine Weile herrscht Schweigen.

Schließlich sagt Fiona: »Es gibt nur eine Möglichkeit. Wir müssen von innen zu Rehbekka. Durch die Erde!«

Die anderen Tiere verstehen nicht, wie Fiona das meint, und so schnappt sich die Feldmaus ein Stöckchen und malt in den sandigen Waldboden, wie sie sich die Rettungsaktion vorstellt.

»Genial«, murmelt Erna Eule, und die anderen nicken zustimmend.

Daniel Dachs, der sehr gut buddeln kann, erklärt sich bereit, einen unterirdischen Gang zu graben.

Zusammen mit Fiona geht er ein Stück vom Abgrund zurück, damit der Tunnel nicht zu steil werden muss, und legt sofort los. In Windeseile befördert er mit seinen starken Grabklauen Unmengen an Erde an die Oberfläche. Fiona beginnt, zwischen dem

Eingangsloch und der Felskante hin- und herzulaufen, damit Daniel sich an ihrem Getrappel orientieren kann und in die richtige Richtung buddelt.

Holly, Flori und Erna Eule lassen derweil Rehbekka nicht aus den Augen. »Meine arme Kleine«, sagt Holly sorgenvoll. »Bestimmt hat sie große Angst! Ich wünschte, ich könnte zu ihr, um sie zu trösten.«

»Das übernehme ich«, bietet Flori an. »Ich bin so leicht, dass Erna mich gut tragen kann.«

Die Eule ist sofort einverstanden, und Flori klettert auf ihren Rücken.

»Zum Abflug bereit«, ruft er. Mit seinen Vorderpfoten krallt er sich in Ernas Gefieder fest, und schon geht es los.

Wenige Augenblicke später landen die beiden auf dem Felsvorsprung bei Rehbekka, die sie ängstlich anschaut.

»Alles wird gut«, versucht Flori sie mit sanfter Stimme zu beruhigen.

Um das Rehkitz abzulenken, erzählt Flori, dass er und seine Schwester heute Waldbeeren gesammelt haben und wie köstlich die schmecken. Rehbekka lauscht ihm mit großen Augen, und Flori hat das Gefühl, dass sein fröhlicher Plauderton ihr guttut.

Plötzlich hören sie ein Rumoren und Scharren, das aus dem Abhang zu kommen scheint und immer lauter wird. Dann bröckelt die Wand hinter ihnen, und durch ein winziges Loch steckt Daniel Dachs seine Schnauze. »Hallo? Bin ich hier an der richtigen Stelle?«, ruft er.

»Das kann man wohl sagen«, jubelt Flori. Er und Erna helfen von außen, das Loch in der Wand zu vergrößern.

Schließlich ist der Durchbruch breit genug, und Daniel tritt zu ihnen auf den Felsvorsprung. »Gute Arbeit«, lobt Flori, und auch Erna nickt anerkennend mit dem Kopf. Daniel strahlt.

Nur Rehbekka schaut etwas ängstlich in das dunkle Loch hinein.

»Keine Sorge, Kleine«, sagt Daniel. »Zusammen schaffen wird das!«

Erna fliegt zu Holly und Fiona und gibt Bescheid, dass es losgeht. Flori klettert auf Rehbekkas Rücken und hält sich an ihrem Hals fest. Ganz vorsichtig schiebt Daniel das liegende Rehkitz in den Tunnel hinein. Flori merkt, dass Rehbekka es ein bisschen unheimlich findet, und spricht ihr Mut zu: »Du machst das ganz toll! Gleich bist du wieder bei deiner Mama!« Durch den engen Gang ruckeln sich die drei Stück für Stück voran. Es ist holprig, aber es klappt! Flori streichelt das Fell an Rehbekkas Hals. »Schau«, sagt er, »da vorne ist das Ende des Tunnels.«

Und wirklich – es wird heller und heller, und schon hören sie die Anfeuerungsrufe von Holly, Fiona und Erna am Ausgang.

Als schließlich Rehbekka mit Flori die Erdoberfläche erreicht und hinter ihnen Daniel aus dem Loch herauskrabbelt, bricht lauter Jubel los.

»Ich wusste, dass wir es schaffen, ich wusste es einfach«, juchzt Fiona.

Am glücklichsten von allen ist Holly, als sich ihre Tochter fest an ihre Seite schmiegt. Liebevoll leckt die Rehmutter ihrem Kitz über das Fell. Eine Weile ist sie so überwältigt, dass sie gar nicht sprechen kann. Doch dann schaut sie mit leuchtenden Augen jedem einzelnen Tier ins Gesicht und sagt feierlich: »Ich danke euch so sehr! Dir, Daniel, für die hervorragende Buddel-Arbeit. Dir, Erna, für dein unermüdliches Hin- und Herfliegen. Und ganz besonders euch, Fiona und Flori. Ihr habt alle zusammengetrommelt, ihr habt getröstet, angefeuert und Mut gemacht. Ihr seid die Größten!«

Die Mäuse grinsen von einem Ohr zum anderen.

»Ich finde, wir sollten jetzt feiern«, ruft Fiona, »und zwar mit einer großen Portion Waldbeeren für die ganze Truppe!«

Und das ist schon wieder ein Vorschlag, den alle genial finden.

Waldwissen: Geschichte und Wirklichkeit

Im wirklichen Wald würde sich ein Team wie das in der Geschichte wohl nicht zusammentun, denn eigentlich machen Dachse und Eulen Jagd auf Mäuse, und auch ein Rehkitz ist vor einer Eule nicht sicher.
Was allerdings in Wirklichkeit genauso ist wie in der Geschichte: Wenn sich viele zusammenschließen, und alle das einbringen, was sie am besten können, dann erreichen sie Großes – möglicherweise mehr, als sie sich zugetraut hätten.

Bastelidee: Kastanientiere

Suche im Wald ein paar schöne, glatte Kastanien und male ihnen Tiergesichter. Das geht mit ganz normalen Filzstiften oder noch besser mit Acrylstiften.
Wenn du einen Dachs, zwei Rehe, eine Eule und zwei Mäuse zusammenhast, kannst du die Geschichte von Rehbekkas Rettung nachspielen.

Keine Langeweile!

»Zilp-zalp! Zilp-zalp!« Der laute Ruf eines Vogels weckt Emma Eiche aus ihrem Dämmerschlaf. Emma ist ein großer alter Baum und steht im Wald, umgeben von ihren Nachbarn, den anderen Bäumen. Sie ist noch ganz benommen, denn sie hat sich den ganzen Winter lang einfach nur ausgeruht und Kräfte gesammelt.

Aber der kleine gelbliche Vogel, der sich auf einen ihrer Äste gesetzt hat, lässt sie nicht weiterschlafen. Aufgedreht hüpft er auf ihrer Rinde hin und her. »Entschuldige, dass ich dich geweckt habe«, zwitschert er fröhlich. »Ich komme gerade aus meinem Winterquartier im Süden zurück und freue mich riesig, wieder hier zu sein. Bin ganz gespannt, wer schon aus dem Winterschlaf aufgewacht ist

und wo überall neue Pflanzen wachsen … Ich glaube, ich drehe direkt mal eine Runde!«

»Tu das«, antwortet Emma, noch ganz schlaftrunken, »ich wünsche dir viel Spaß.«

Der Vogel hält kurz inne und schaut Emma an. »Schade, dass du nicht mitkommen kannst«, sagt er dann. »Du bist ja hier festgewachsen. Bist du eigentlich traurig, dass du dich gar nicht vom Fleck bewegen kannst?«

Emma wiegt ihre Zweige langsam hin und her. »Nein, eigentlich nicht«, antwortet sie nach einer Weile.

»Na, dann ist es ja gut«, zwitschert der Vogel, breitet seine Flügel aus und flattert davon.

Emma schaut ihm hinterher und überlegt. Ist es langweilig, dass sie ihr ganzes Leben an ein und demselben Ort verbringt? Darüber hat sie noch nie nachgedacht …

Ein feines Kitzeln auf ihrer Rinde reißt sie aus ihren Grübeleien. Die sanfte Frühlingssonne breitet sich über dem Wald aus und wärmt Emmas Stamm und ihre Zweige. Voller Freude reckt und streckt Emma sich, um so viel Licht wie möglich aufzunehmen nach dem langen Winter. Sie weiß, wie wichtig das ist, damit bald neues Laub an ihr wachsen kann.

Auch in den nächsten Tagen ist Emma dankbar über jeden einzelnen Sonnenstrahl, der ihre Rinde berührt. Und irgend-

wann ist es dann endlich so weit: Aus den Knospen an ihren Zweigen treten winzig kleine grüne Blättchen und Blüten hervor. Emma ist mächtig stolz und freut sich, nicht mehr kahl zu sein. Der Frühling hat begonnen! Nun muss sie sich sehr anstrengen, damit die Blätter größer werden. Und auch ihr Stamm, ihre Zweige und ihre Wurzeln sollen wachsen. Das ist ein ganz schöner Kraftakt, aber Emma hat viel Erfahrung und weiß was zu tun ist. Sie reckt sich nach oben, um Licht zu tanken. Gleichzeitig streckt sie sich aber auch in die andere Richtung, damit ihre Wurzeln aus dem Boden so viel Feuchtigkeit und so viele Nährstoffe wie möglich heraussaugen können. Die pumpt Emma durch ihren Stamm und die dicken Äste bis in die neuen Zweige und Blätter. Sie passt gut auf, dass alles dorthin gelangt, wo es benötigt wird.

Eines Tages klopft jemand bei Emma an. Es ist der Buntspecht, der eine brüchige Stelle an ihrem Stamm gefunden hat. »Guten Tag«, sagt er freundlich. »Ist es in Ordnung, wenn ich hier eine kleine Höhle baue?«

»Aber natürlich«, antwortet Emma sofort, »das Holz ist dort ohnehin etwas morsch. Und wenn du mich nebenbei noch von ein paar Insekten befreien könntest, wäre das ganz wunderbar!«

Voller Eifer legt der Specht los und macht bei seiner Arbeit eine mitreißende Trommelmusik, die Emma richtig gute Laune bereitet.

Als es noch wärmer wird, kommen auch die Siebenschläfer aus ihren Verstecken und turnen fröhlich in Emmas Krone herum. Sie müssen aufpassen, dass sie bei ihren Streifzügen nicht mit dem Eichhörnchen zusammenzustoßen. Das läuft nämlich unaufhörlich an Emma herauf und herunter und baut in einer Astgabel einen gemütlichen Kobel. Auch ein Eichelhäher ist ständig in ihrem Geäst unterwegs und hält von den oberen Zweigen aus Ausschau, ob ihm im Wald etwas Ungewöhnliches auffällt.

Bei Emma ist immer etwas los, und an manchen Tagen fühlt sie sich wie die Gastgeberin einer großen Party. Das gefällt ihr ausgesprochen gut.

Im Sommer kommen noch ganz andere Besucher hinzu: Fast täglich klettern jetzt Kinder auf Emma herum. Manchmal sitzen sie stundenlang auf ihren Ästen und erzählen einander Geschichten aus der Menschenwelt. Emma liebt das sehr und hört aufmerksam zu.

Irgendwann im Hochsommer bekommt sie großen Durst. Der Boden ist ganz trocken, und ihre Wurzeln können nicht mehr genug Feuchtigkeit ergattern. Fieberhaft überlegt Emma, wie sie sich in früheren Jahren bei starker Hitze beholfen hat, und dann fällt es ihr wieder ein: Sie lässt einen Teil ihrer Blätter und sogar ein paar Zweige zu Boden fallen. Jetzt benötigt sie weniger Wasser und kann noch ein bisschen länger aushalten. Emma steht geduldig da und wartet. Und dann, endlich, ziehen am Himmel Wolken auf. Zaghaft plitscht ein kleiner Regentropfen auf Emmas

Krone, dann noch einer und dann immer mehr. »Oh, tut das gut«, seufzt Emma erleichtert und streckt ihre Blätter der Dusche entgegen, die von oben auf sie herunterprasselt. Sie fängt die Tropfen auf und leitet sie die Zweige und Äste hinunter und dann am Stamm entlang, bis sie in den Boden sickern. »Herrlich«, jubelt Emma, als ihre Wurzeln die Feuchtigkeit in der Erde spüren. Endlich kann sie wieder trinken!

Aber das nächste Abenteuer wartet schon: Ein mächtiger Sommersturm zieht auf und rüttelt an Emmas Zweigen. Sie klammert sich mit ihren Wurzeln im Erdreich fest und wartet tapfer darauf, dass das Tosen nachlässt. »Ich habe in meinem Leben schon so viele Stürme überstanden, diesen werde ich auch schaffen«, denkt sich Emma. Und sie behält recht! Nach ein paar Stunden lässt das Unwetter nach. Ein Ast, der ohnehin schon morsch war, ist abgebrochen. Ansonsten hat Emma keinen Schaden erlitten. »Gut gemacht«, sagt sie zu sich selbst.

Langsam geht der Sommer zur Neige, und Emma freut sich auf den Herbst. Jetzt kann sie sich endlich wieder mit wunderschönen Eicheln schmücken. Aus den Blüten, die im Frühling gewachsen sind, entwickeln sich unzählige Früchte, die an langen Stielen sitzen. Zusätzlich veranstaltet Emma ein prächtiges Spektakel: Ihre Krone verfärbt sich und leuchtet in den schönsten Orange-, Gelb- und Rottönen.

Doch auch der Herbst dauert nicht ewig. Als es kälter wird, lässt Emma nach und nach ihre Eicheln und Blätter zu Boden fallen. Sie freut sich, dass ihre Früchte den anderen Waldbewohnern so gut schmecken: Wildschweine, Rehe, Hirsche und Mäuse machen sich dankbar darüber her. Wieder fühlt sich Emma wie eine Gastgeberin. »Guten Appetit«, wünscht sie den Tieren, »nehmt euch so viel ihr möchtet!«

Besonders glücklich macht es sie, wenn das Eichhörnchen oder der Eichelhäher sich eine ihrer Eicheln schnappen, um sie als Wintervorrat irgendwo im Boden zu verbuddeln. Sie weiß nämlich, dass die Tiere nicht alle Verstecke wiederfinden und dass aus einigen vergrabenen Eicheln im nächsten Frühling kleine Baby-Bäume wachsen werden.

Emma kann sich kaum vorstellen, dass auch sie selbst einmal aus solch einer winzig kleinen Frucht entstanden ist. Aber genauso ist es.

Schließlich wird es richtig kalt, und Emma beeilt sich, ihre inzwischen welken Blätter komplett abzuwerfen. Sie ist froh über ihre dicke Borke, die wie ein Mantel das Innere ihres Stammes warmhält.

Nach dem aufregenden Jahr ist die alte Eiche sehr müde. Sie will sich jetzt ausruhen und gleitet schon langsam in den Dämmerschlaf. Doch plötzlich spürt sie eine Berührung auf einem ihrer Äste und schreckt noch einmal hoch. Da! Das ist doch wieder der kleine gelbe Vogel, der sie im Frühling geweckt hat.

»Hallo«, begrüßt Emma ihn freundlich, »bist du auf dem Weg in dein Winterquartier?«

»Ja genau, ich breche gleich auf«, erwidert der Vogel. Nach einer kurzen Pause fragt er mitfühlend: »Hast du dich sehr gelangweilt?«

Fast muss Emma loslachen. »Keine Sekunde«, antwortet sie. »Ich hatte so viel zu tun und habe so viel erlebt, dass ich jetzt dringend Ruhe brauche!«

»Oh«, zwitschert der Vogel, »dann will ich dich nicht länger stören. Schlaf schön!«

Er flattert davon Richtung Süden, und Emma schlummert endgültig ein, während die wohlige Vorfreude auf das kommende Jahr sie durchströmt.

Waldwissen: Jahresringe

Bei einem gefällten Baum sind an der Schnittstelle viele Ringe zu sehen. Die verraten uns, wie alt der Baum geworden ist. Je älter ein Baum ist, desto mehr Jahresringe hat er. Die Ringe entstehen, weil der Stamm des Baumes immer dicker wird. Jedes Jahr bildet sich außen am Stamm eine neue Wachstumsschicht.
Der Baum wächst im Laufe des Jahres unterschiedlich schnell: Im Frühjahr entwickeln sich in der Wachstumsschicht große Zellen. Das sieht dann hinterher im Jahresring hell aus. Im Herbst werden die Zellen immer kleiner und dichter – der Ring bekommt einen dunklen Abschluss. Im Winter wächst der Baum dann gar nicht, er legt damit erst im nächsten Frühjahr wieder los.

Aber nicht nur innerhalb eines Jahres wächst der Baum unterschiedlich, sondern auch von Jahr zu Jahr. In manchen Jahren sind die Wetter- und Lichtverhältnisse für ihn günstig, dann wächst er kräftig und bildet einen breiten Ring aus. In anderen Jahren ist vielleicht der Boden zu trocken, dann gedeiht der Baum nicht so gut und sein Ring aus dem Jahr ist viel schmaler.

Weihnachtswald

»Paul, zum letzten Mal, Finger weg vom Weihnachtsbaum!«, ruft Mama und hechtet hinter Paul her, der schnell versucht zu entwischen. An seinen Ohren baumeln Stern-Anhänger. Mama hält ihn fest und nimmt sie ihm vorsichtig ab.

»Aber ich will mich schick machen«, kräht Paul entrüstet und läuft wieder Richtung Wohnzimmer.

Mama hat keine Zeit, ihn zu verfolgen, denn jetzt entdeckt sie eine riesige Dreck-Pfütze im Flur. Daneben liegen zwei umgestürzte Winterstiefel.

»Mathilda!«, donnert Mama, »ich hatte hier vorhin geputzt!«

Sie läuft los, um einen Lappen zu holen, und stößt dabei fast mit Lukas zusammen, der sich gerade zwei Kekse vom Plätzchenteller in den Mund schiebt.

»Du sollst nicht den ganzen Tag nur Süßkram futtern«, schimpft Mama. »Wenn du so weitermachst, ist dir gleich bei der Bescherung ganz schlecht. Deck lieber schon einmal den Tisch!«

»Das würde ich wirklich total gerne«, nuschelt Lukas mit vollem Mund, »aber leider bin ich viel zu aufgeregt! Ich frag mich die ganze Zeit, ob ich wohl das ferngesteuerte Schiff bekomme!«

Mama rauft sich die Haare. »Weißt du, an Weihnachten geht es nicht nur um Geschenke«, sagt sie. »Es geht um Liebe und Hilfsbereitschaft und Zusammensein und …«

»… um Geschenke«, vervollständigt Lukas ihren Satz.

»Frank!«, ruft Mama in die Küche zu Papa. »Du musst mit den Kindern nach draußen gehen, sonst explodiere ich gleich!«

Papas Gesicht erscheint im Türrahmen. »Aber ich soll mich doch ums Festmahl kümmern«, sagt er ganz unschuldig. »Stell dir vor, du explodierst, und danach hätten wir nicht mal etwas zu Essen, um uns zu trösten!«

Mama scheint zu überlegen, ob sie schreien oder lachen soll. Ihr Blick fällt auf Lukas. »Dann musst du das übernehmen«, beschließt sie kurzerhand. »Wenn du mir nicht bei den Vorbereitungen hilfst, dann geh wenigstens einmal mit Paul und Mathilda bei Herrn Fritz vorbei und leg ihm den Weihnachtskuchen vor die Tür.«

Der alte Herr Fritz wohnt im Haus nebenan.

Lukas verdreht die Augen, aber Mama lässt nicht locker. »Na los«, sagt sie bestimmt. »Und danach macht ihr am besten noch einen Waldspaziergang. Haltet mal Ausschau nach dem Weihnachtsmann – vielleicht seht ihr ihn ja zufällig!«

Mathilda und Paul sind sofort Feuer und Flamme. Den Weihnachtsmann wollen sie unbedingt sehen!

Mathilda hat schon einen ihrer Stiefel angezogen, da läuft sie plötzlich die Treppe hinunter in den Keller. »Ich komme sofort, muss nur schnell noch etwas holen«, ruft sie.

Mama drückt Lukas den in Silberfolie eingepackten Kuchen für Herrn Fritz in die Hand.

Papa macht ein ganz entsetztes Gesicht. »Aber ich liebe diesen Kuchen! Den kannst du doch nicht einfach weggeben! Das könnte unser Nachtisch sein!«

»Nicht jammern – kochen!«, befiehlt Mama und schiebt Lukas und Paul mitsamt Kuchen zur Tür hinaus.

Mathilda kommt die Treppe heraufgestapft und läuft ihren Brüdern hinterher.

Ein bisschen fühlen die drei sich selbst wie der Weihnachtsmann, als sie heimlich, still und leise die Überraschung vor Herrn Fritz' Tür legen und dann schnell weitergehen.

Nach kurzer Zeit erreichen sie den Waldrand. Der Schnee knirscht unter ihren Füßen, und auf den Büschen und Zweigen funkelt es weiß.

»Wie im Märchen«, flüstert Paul.

Er und Mathilda verrenken sich die Hälse, um irgendwo zwischen den Bäumen den Weihnachtsmann zu erspähen oder wenigstens eins seiner Rentiere. Aber alles, was sie sehen, ist ein Rotkehlchen, das vor ihnen über den gefrorenen Boden hüpft.

Mathilda bleibt stehen. Sie kramt aus ihren Taschen ein paar Eicheln hervor und legt sie in den Schnee.

»Wo hast du die denn her?«, will Lukas wissen.

»Aus dem Keller«, antwortet Mathilda. »Ich hab sie im Herbst gesammelt und im Vorratsraum gelagert. Das ist mein Weihnachtsgeschenk für die Tiere des Waldes!«

Jetzt macht sich auch Paul an seinen Taschen zu schaffen und bringt rote Kugeln zutage, die er offensichtlich aus dem Wohnzimmer geklaut hat.

»Dann schmücken wir aber auch einen Baum für die Tiere«, sagt er. »Mama wäre damit nicht einverstanden«, murmelt Lukas, aber trotzdem hilft er seinen Geschwistern, die Kugeln an die kahlen Zweige eines kleinen Baumes zu hängen.

Dann gehen sie die Runde im Wald, die sie schon oft gelaufen sind: vorbei an dem großen Baumstumpf, bei dem sie sich immer vorstellen, dass ein Wichtel darin haust. Die leichte Anhöhe hinauf, wo der Weg sich in Kurven durch die Bäume schlängelt. Und um den kleinen Tümpel herum, auf dem sie im Sommer Schiffchen haben fahren lassen. Heute ist das Wasser gefroren, das Eis glitzert und sieht aus wie der Spiegel eines Riesen.

Immer wieder bleiben Lukas, Mathilda und Paul zwischendurch stehen und lauschen, weil sie meinen, Schritte im Wald zu hören. Aber es ist niemand zu sehen.

Als zwischen den Bäumen schon wieder die Häuser der Wohnsiedlung zu erkennen sind, zieht Paul plötzlich hörbar die Luft ein und deutet auf den Boden. Dort sind nicht nur ihre eigenen Fußstapfen vom Hinweg zu sehen, sondern auch große Stiefelabdrücke, tief im Schnee eingesunken.

»Ob die vom Weihnachtsmann sind?«, flüstert Mathilda.

Sie beschließen, den Spuren zu folgen, und gehen erneut tiefer in den Wald hinein.

Als der Baum zum Vorschein kommt, den sie vorhin geschmückt haben, bleiben sie plötzlich wie angewurzelt stehen. Mit dem Rücken zu ihnen steht ein Mann, der einen langen Mantel und eine rote Mütze trägt. Er betrachtet die Kugeln am Baum.

»Ist er das?«, fragt Paul atemlos.

In diesem Augenblick dreht der Mann sich zu ihnen um.

»Hallo ihr drei«, sagt er freundlich. »Habt ihr die hier aufgehängt?«

Es ist nicht der Weihnachtsmann. Es ist Herr Fritz von nebenan.

Fast sind Mathilda, Lukas und Paul ein bisschen erleichtert.

»Ich freue mich über den Anblick«, sagt Herr Fritz. »Ich habe keinen Weihnachtsbaum bei mir zu Hause aufgestellt. Für mich alleine lohnt sich der Aufwand nicht. Umso schöner, dass ich hier draußen ganz unerwartet einen zu sehen bekomme.«

»Warum bist du denn an Weihnachten allein?«, fragt Paul.

»Ach, weißt du«, antwortet Herr Fritz, »meine Tochter wohnt mit ihrer Familie ziemlich weit weg. Die Fahrt wäre sehr lang, und bei dem Schnee würde sie noch länger dauern.«

Lukas stellt sich vor, wie Herr Fritz am Heiligabend völlig allein in seiner Wohnung sitzt. Plötzlich hat er eine Idee.

»Kommen Sie doch einfach mit zu uns«, schlägt er vor. »Mein Vater kocht gerade ein leckeres Essen, und einen Weihnachtsbaum haben wir auch!«

»Den kannst du den ganzen Abend lang anschauen«, ergänzt Paul.

Herr Fritz murmelt, dass sie da aber erst einmal Mama und Papa fragen müssen. Aber Lukas merkt genau, wie sehr er sich freut.

Bevor sie gehen, nehmen sie die roten Kugeln wieder vom Baum ab. Herr Fritz meint, das sei besser, damit die Tiere sie nicht aus Versehen fressen.

»Wenn ich wirklich mit zu euch komme, dann hole ich aber noch ein Gastgeschenk aus meiner Wohnung«, sagt er. »Vorhin hat mir jemand einen herrlichen Weihnachtskuchen vor die Tür gelegt – den können wir zum Nachtisch essen.« Und er zwinkert den Kindern schelmisch zu.

»Na, habt ihr den Weihnachtsmann getroffen?«, fragt Mama, als sie ihnen die Tür aufmacht.

»Nein, aber jemand anderes. Und wir haben ihn auch gleich mitgebracht, damit er mit uns zusammen Weihnachten feiern kann«, erwidert Lukas und führt Herrn Fritz zur Tür herein. Papa kommt ihnen aus der Küche entgegen. Als er den Kuchen in Herrn Fritz' Händen sieht, entfährt ihm ein kleiner Freudenschrei.

Herr Fritz will gerade anfangen zu erklären, da ziehen Paul und Mathilda ihn schon zum Weihnachtsbaum, wo sie gemeinsam die Kugeln wieder aufhängen.

Mama sieht Lukas an und lächelt. »Das war aber lieb von dir«, sagt sie.

Lukas grinst zurück. »Na ja, ich habe eine sehr kluge Mutter«, erwidert er. »Und die hat mir beigebracht, dass es an Weihnachten nicht nur um Geschenke, sondern auch um Zusammensein und Hilfsbereitschaft geht!«

Mama strubbelt ihm durch die Haare. »Dann sei doch jetzt mal so hilfsbereit und stelle noch einen zusätzlichen Teller auf den Tisch«, sagt sie.

Und das macht Lukas.

Deko-Idee: Weihnachtliche Schale

Im Wald findest du jede Menge Material, um die Wohnung in der Weihnachtszeit festlich zu schmücken. Du könntest zum Beispiel eine Weihnachtsschale gestalten mit:

- Kiefernzapfen
- Kastanien
- Eicheln
- Rinde
- Stöckchen

Schön weihnachtlich sehen auch Tannenzweige aus – aber bitte niemals vom Baum abbrechen! Tannengrün gibt es in der Adventszeit auch in Gärtnereien und Blumenläden.

Ergänzen kannst du die Waldmaterialien mit Selbstgebasteltem: aus gelber Pappe ausgeschnittene Sterne, Kugeln aus roter Knete, Schneemänner aus Filz …

Deiner Fantasie sind beim Schmücken keine Grenzen gesetzt!

Anne Rummenie wurde 1977 in Münster geboren. Als Försterstochter war sie schon in ihrer Kindheit viel im Wald unterwegs und hat dort unzählige Abenteuer erlebt.
Nach ihrem Studium in Göttingen war sie viele Jahre lang als Produktmanagerin im Verlagswesen tätig, bevor sie sich 2020 als Autorin selbstständig gemacht hat.
Inzwischen lebt sie mit ihrem Mann und ihren drei Söhnen wieder in Münster, und zwar am Waldrand.

Julia Christians, ein echtes Harzer Urgestein von 1984, ist aus einem Studium des Kommunikationsdesigns an der HBK Braunschweig 2011 als Diplom-Designerin hervorgegangen und arbeitet seit 2018 als freiberufliche Illustratorin. Sie lebt zusammen mit ihrem Mann, ihren zwei Kindern und der ständigen Frage, ob drei Hunde genug Hunde sind (die Antwort ist eventuell *Nein*).

MIX
Papier | Fördert gute Waldnutzung
FSC® C002795

Originalausgabe
1. Auflage

Max-Brauer-Allee 34, 22765 Hamburg

Satz: Sabine Conrad, Bad Nauheim
Druck und Bindung: Livonia Print SIA,
Jūrkalnes iela 15/25, LV-1046 Riga, Lettland
Printed 2024
ISBN 978-3-7512-0586-3
www.oetinger.de

Da ist doch der Wurm drin!
Wie viele Würmer findest du
in den Eicheln?